Hartmut Wilhelm

MIT WOHNWAGEN ODER WOHNMOBIL IN DIE AUVERGNE

Die Anleitung für einen Erlebnisurlaub

Gewidmet meinen Eltern

Verlag Reinhard Schulz
D-7100 Heilbronn/Neckar

Die Deutsche Bibliothek – CIP-Einheitsaufnahme

Wilhelm, Hartmut:
Mit Wohnwagen oder Wohnmobil in die Auvergne : Tips, Tricks, Touren, tolle Plätze / Hartmut Wilhelm. - Heilbronn : WOMO-Verl., 1992
(Womo-Reihe ; Bd. 11)
ISBN 3-928840-11-8
NE: GT

Titelbild: St. Michel-d'Aguilhe, Le Puy-en-Velay

1. Auflage 1992
Druck:
Georg Kohl GmbH, 7129 Brackenheim
Vertrieb:
GeoCenter, 7000 Stuttgart 80
Herausgeber:
WOMO-Verlag Reinhard Schulz
Tel.07131/55776
Wagenburgstraße 33, 7100 Heilbronn

ISBN 3-928840-11-8

AUFFORDERUNG ZUM TANZ

Nicht auf das glatte Tanzparkett des Alltags möchte ich Sie entführen, sondern auf ein kleines Stückchen Erde. Die Musik liefert die Sehnsucht, die Tanzschritte die Neugierde.

Die Auvergne soll heute das Ziel von Sehnsucht und Neugierde sein. Sie hat es verdient. Strapazieren Sie nicht über Gebühr Ihre geographischen Kenntnisse. Als wir von unserem Urlaubsziel, der Auvergne, Bekannten und Freunden erzählten, war meist die erste Reaktion ein freundliches “oh”. Dann kam heraus, daß der eine oder andere zwar schon mal was davon gehört hatte, aber so rechte Vorstellungen waren nicht immer vorhanden.

Also: GEHEIMTIP AUVERGNE.

Das Land im Herzen Frankreichs, nur wenige Kilometer westlich von LYON, möchte die Urlaubs-Heimstatt all derer sein, denen zuviel Sonne, zuviel Rummel, zuviel Sand, zuviel Wasser, zuviele Berge, Chaos, Nepp und lange Anfahrt ein Greuel geworden sind. Es ist nicht zu wenig von alledem da, gerade richtig, meine ich.

Wenn Sie sich für die Auvergne heute entscheiden, ich glaube, dann darf man Ihnen gratulieren. Der Anfang ist bekanntlich die Hälfte des Ganzen, wie Aristoteles uns wissen läßt. Ihr Anfang ist schon der erste Genuß, die Vorfreude, die Erwartung. Ihr Urlaub in der Auvergne wird bestimmt zur erlebten, willkommenen Ergänzung.

Falls Sie mit Anregungen oder Kritik aus Ihrem Urlaub zurückkehren, schreiben Sie an den Verlag oder direkt an mich (Erlenweg 6, D 7128 Lauffen). Daß Ihre Kritik mir nur Freude bereitet, ist übertrieben, aber sie hilft.

Lauffen, im Februar 1992

INHALT

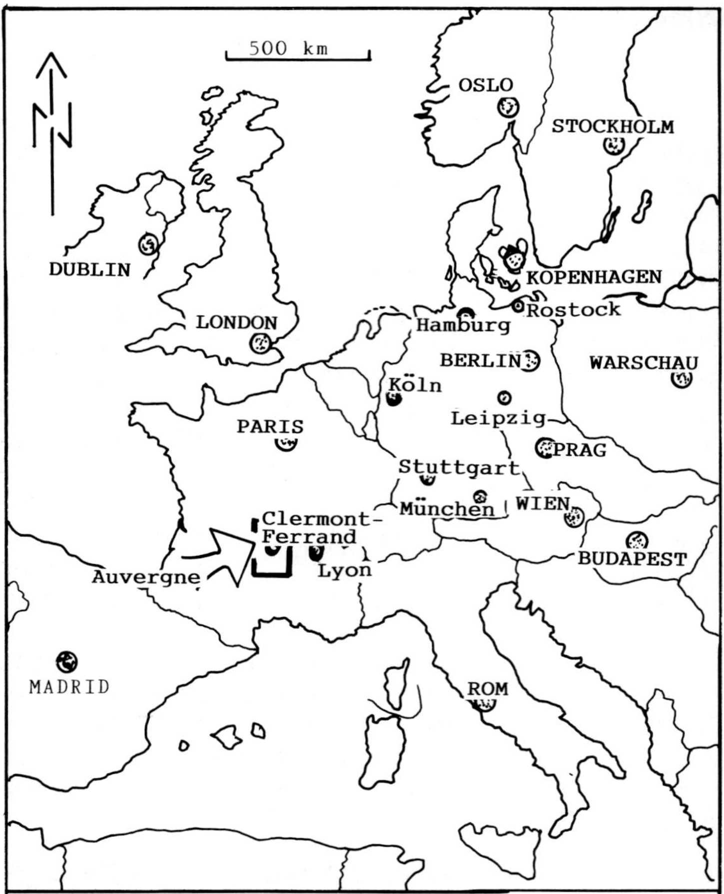
500 km
OSLO
STOCKHOLM
DUBLIN
KOPENHAGEN
Rostock
LONDON
Hamburg
BERLIN
WARSCHAU
Köln
Leipzig
PARIS
PRAG
Stuttgart
München
WIEN
Clermont-
Ferrand
Lyon
Auvergne
BUDAPEST
MADRID
ROM

ANFAHRT

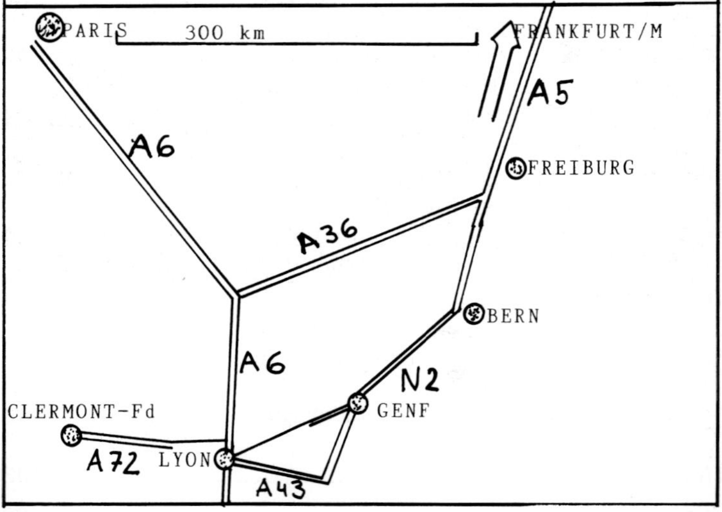
PARIS
300 km
FRANKFURT/M
A5
A6
FREIBURG
A36
BERN
A6
N2
GENF
CLERMONT-Fd
A72
LYON
A43

ANREISE

Die Anreise in Deutschland führt über die A 5, die Autobahn KARLSRUHE - BASEL. Südlich von FREIBURG geht es Richtung MULHOUSE/MÜHLHAUSEN auf die A 36 in das Elsaß. Bei BELFORT beginnt die gebührenpflichtige Autobahnstrekke. Die A 36 ist wenig befahren und landschaftlich reizvoll. Zwischen BELFORT und BESANÇON liegt der Etappencampingplatz von L'ISLE-sur-le-Doubs direkt am Doubs. Dieser Platz sollte nicht zu spät, also nach 20.00 Uhr angefahren werden, da er ziemlich voll sein kann.

Beim Zusammentreffen mit der A 6 PARIS - LYON nehmen wir die Richtung LYON. An der Raststätte BEAUNE lohnt es sich, Halt zu machen. Mit dem Archeodrome, das an die Raststätte angeschlossen ist, haben die Franzosen ein gallisches Freizeitmuseum aufgebaut. Der Höhepunkt ist zweifellos der Nachbau der Befestigung von ALESIA. ALESIA, in der Nähe von DIJON, war 52 v.Ch. der Schauplatz des Endkampfes der Gallier gegen Caesar.

Die A 6 wird bei der Ausfahrt (sortie) Nr. 22 Richtung CLERMONT-Fd. verlassen. Auf der D 73 über La TOUR-de-Salvagny erreicht man die A 72 und CLERMONT-Fd.

Der Campingplatz von CHATEL-Guyon ist über die A 71 Richtung PARIS, Ausfahrt RIOM, CHATEL-Guyon zu erreichen.

Rast am Archéodrome

AUVERGNE

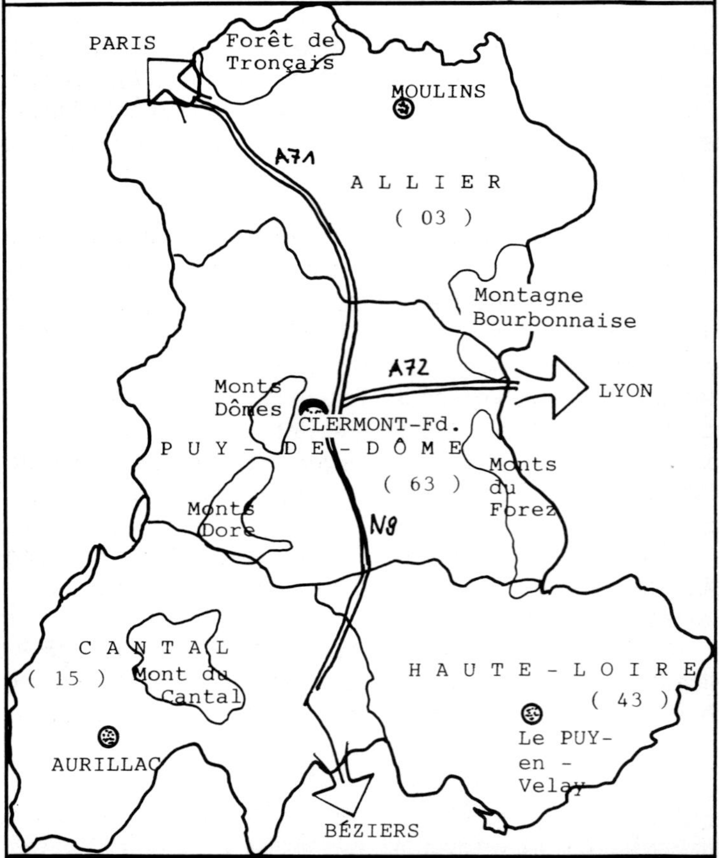
PARIS
Forêt de
Tronçais
MOULINS
A71
A L L I E R
(03)
Montagne
Bourbonnaise
A72
LYON
Monts
Dômes
CLERMONT-Fd.
P U Y - D E - D Ô M E
(63)
Monts
du
Forez
Monts
Dore
N9
C A N T A L
(15)
Mont du
Cantal
AURILLAC
H A U T E - L O I R E
(43)
Le PUY-
en -
Velay
BÉZIERS

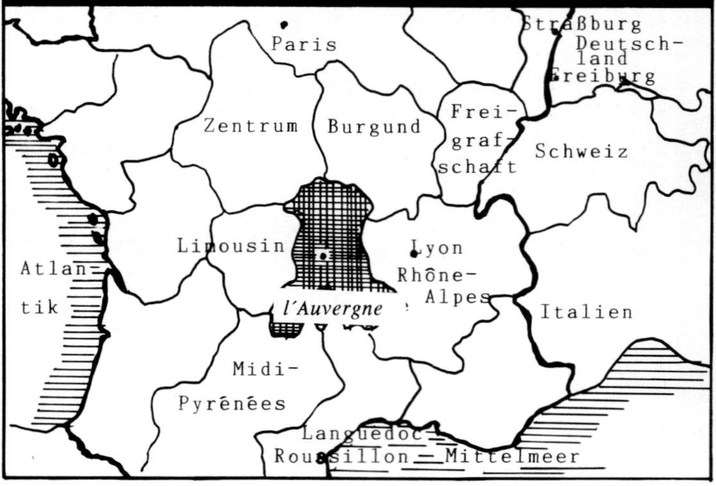
Paris
Straßburg
Deutsch-
land
Freiburg
Zentrum
Burgund
Frei-
graf-
schaft
Schweiz
Limousin
Lyon
Rhône-
Alpes
l'Auvergne
Atlan-
tik
Italien
Midi-
Pyrénées
Languedoc-
Roussillon
Mittelmeer

AUVERGNE
Land und Leute

Die Region Auvergne liegt im französischen Zentralmassiv auf halber Strecke zwischen der deutsch-französischen Rheingrenze und den Pyrenäen. Sie umfaßt die Départements "Allier" im Norden, "Puy-de-Dôme" in der Mitte, im Südwesten "Cantal" und im Südosten "Haute-Loire".

Mit 26.000 Quadratkilometern ist die Auvergne etwas größer als Hessen und knapp 3/4 des Bundeslandes Baden-Württemberg. Die Auvergne zählt 1.3 Millionen Einwohner und ist mit 50 Einwohnern pro Quadratkilometer nur zu 1/5 so dicht besiedelt wie die westliche Bundesrepublik mit 250 Einwohnern pro Quadratkilometer.

Landschaftlich fällt die Auvergne völlig aus dem Rahmen. Das Kerngebiet des Zentralmassivs bietet eine schmukke Versammlung von über 80 - erloschenen - Vulkanen. Mit dem Puy de Sancy und seinen 1.886 m hat die Auvergne den höchsten Berg zwischen den Alpen und den Pyrenäen.

Die auvergnatische Hauptstadt ist CLERMONT-FERRAND. Sie liegt mitten in der Region. VICHY im Nordosten und Le PUY-en-Velay im Süden sind weitere städtische Glanzpunkte.

Der Allier und die Loire durchfließen die Auvergne nach Norden, die Dordogne und die Cère nach Süden und Südwesten. Im Süden der Auvergne verläuft die Wasserscheide zwischen Mittelmeer und Atlantik.

Die Bevölkerung gilt als konservativ und empfindet sich als Bindeglied der Nordfranzosen und dem Süden, des Midi. Der Auvergnate gilt als langsam, bedächtig und konservativ.

Das Wetter ist in der Auvergne nicht sonderlich viel anders als in Mitteleuropa. In der Ebene, der Limagne, ist es im Sommer schön warm. Auf den Bergen und im Berggelände kann es kühl und zuweilen neblig werden. Die Ober-Vulkane liegen an Regentagen in den Wolken. Das Klima ist angenehm mild.

CAMPING in der Auvergne

Frankreich ist das Land der Campingfreunde und der Campingplätze. Die Auvergne macht dabei keine Ausnahme, eher im Gegenteil. Fast jede Gemeinde hat einen Platz eingerichtet und betreibt ihn zum Selbstkostenpreis. Diese preiswerten wie auch die gewerblichen Campingplätze liegen häufig an Flüssen und Seen, am Fuße von Bergen, neben dem Freibad. Die Preise der Übernachtungen bewegen sich bei einem Gemeindecampingplatz (camping municipal) zwischen 10.- und 15.- DM für eine Familie von 4 Personen pro Nacht. Das sind pro Urlaubs-Woche 100.- DM.

Die hohe Zahl der Plätze erlaubt eine fast unbegrenzte Beweglichkeit. Allein im Département Allier werden ca. 75 Campingplätze angeboten. In der unmittelbaren Umgebung sind meist auch Restaurants und Einkaufsmöglichkeiten für Lebensmittel und Haushaltswaren.

Die Sanitäranlagen sind einfach. Campingplätze mit drei und vier Sternen bieten Komfort und sind durch Vorbestellung häufig belegt. Allerdings gibt es im Juli und ab Mitte August spürbare Lücken.

Grundsätzlich sollte man am Nachmittag auf dem Campingplatz eintreffen. Da ist die Auswahl der Stellplätze am größten. Auch ist es immer wieder ein schönes Gefühl, frisch geduscht an das Abendessen zu gehen und den Ort noch etwas anzusehen.

Die Campingplätze werden von der Präfektur überwacht. Die Präfekturen setzen die Zahl der Qualitätssterne fest.

Das freie Camping ist in Frankreich nicht gestattet. Das bedeutet nicht, daß es nicht geschieht. In den Naturparks, in der Nähe von Waldgebieten und im Wald jedoch wird dieses Verbot durch die Polizei ernstgenommen.

Mal was anderes ist das Camping auf dem Bauernhof, camping à la ferme. Billiger ist es dort nicht. Nur die Umstände sind individueller, vielleicht erlesener. Manche Bauersleut haben über Jahre ihre Stammgäste. Die nicht rosige Lage der Landwirtschaft läßt das Interesse der Bauernfamilien an Campinggästen wachsen.

Sprachhindernisse sollten nicht überschätzt werden. Freundlichkeit und Zahlungskraft übersteigen jede Stadtmauer.

Gemeindecamping und Camping auf dem Bauernhof sind mit **Bargeld** zu bezahlen. Die gewerblichen Drei- und Viersterner akzeptieren **Kreditkarten.**

ESSEN und TRINKEN
oder "Leben wie Gott in Frankreich"

Ursprünglich war die Auvergne ländlich und hatte außer in VICHY und in CLERMONT-Fd. keine herausragende Gastronomie anzubieten.

Feine Restaurants, die Erlebnisgastronomie, finden wir heute vor allem in Kurorten. Im übrigen Land sprießt auch nicht die Barmherzigkeit. Die Preise liegen oberhalb der Armutsgrenze. Pro Person und Abend kommt man problemlos auf 100.- DM und mehr.

Die Auvergne liebt ihre "potée", ihre Suppe. Da wird eine Fülle reingepackt und ist meist das Produkt des Hauses. So ist jede potée wieder anders. Der "coq au vin", der Gockel aus der Auvergne in einem Weinchen aus der Auvergne, aus AURILLAC, aus St. FLOUR oder CHAUDES-AIGUES, ferner Schinken (les jambons) und eine Art Knackwürste (les saucisses sèches) stillen fleischliche Gelüste.

Forellen, Aale und Lachse (truites, anguilles, saumons) vertreten bei Tisch die Welt der Bäche, Flüsse und Seen.

Die Kartoffel ist der Rohstoff für einige Spezialitäten. In AURILLAC wird die "truffado" (Trüffel), in CHAUDES-AIGUES der "aligot" angeboten. Auch in MONTLUÇON und GANNAT im Norden der Auvergne gibt die Kartoffel manchen Gaumengenuß ab, so den "pâté de pommes de terre". Andere Gemüsespeisen werden mit Morcheln (morilles), mit Erbsen (petits bois) und Linsen (lentilles) zubereitet.

Krönung jeder Leckerei ist der Käse. Frankreich bringt spielend tausend Käsesorten auf den Markt. Fast jedes Dorf und mancher Milchbauer produzieren den eigenen Käse. Die Käsevielfalt wir gerne als Beweis für den ausgeprägten Individualismus der Franzosen herangezogen. Die bekanntesten Sorten der Auvergne sind auch in Deutschland zu kaufen (St. Nectaire, Bleu d'Auvergne, Cantal). In der südlichen Auvergne findet man den "cabecou", einen Ziegenkäse.

Für Weinliebhaber halten sich der "Châteaugay", der "Corent" und weitere Weine der Limagne bereit. Weine schmecken bekanntlich meist nur am Ort ihrer Erzeugung.

Einfach und preiswert essen kann man auch. Da geht man in ein mittelprächtiges Restaurant und bestellt von der Vorspeise (entrées) Pizza oder Spaghetti etc. Da kommt man mit ca 10.-/15.- DM davon.

Befestigungen von Alesia im Archéodrome

Gallischer Bauernhof im Archéodrome

GESCHICHTE IN ZAHLEN UND FAKTEN

Vor 1.5 Mio Jahren:
Ansiedlung von Menschen im Südosten der Auvergne (Le PUY).
(Der heutige Mensch erkennt seine Vorfahren erst in Lebewesen, die seit 1 Mio Jahren herumlaufen).
7.000 bis 3.500 vor Christus :
Steinzeitjäger pirschen durch das Zentralmassiv.

4. Jahrhundert v. Ch.:
Kelten wandern in die heutige Auvergne ein.
2. Jahrhundert v. Ch.:
Die keltischen Arverner bilden im Raum CLERMONT (GERGOVIA) ein eigenes Herrschaftsgebiet.
121 v. Ch.:
Römische Legionen schlagen den Arvernerkönig Bituit.

52 v. Ch.:
Vercingetorix, Heerführer der Gallier, erringt bei GERGOVIA (heutiger Stadtrand von CLERMONT) einen **Abwehrsieg gegen Caesar und seine** Römer.
Gajus Julius Caesar besiegt Vercingetorix und seine Gallier bei ALESIA (westl. DIJON). Vercingetorix begibt sich in römische Gefangenschaft und wird 48 v. Ch. hingerichtet.
Das Arvernerreich wird in das Römische Reich eingegliedert.

9 nach Christi:
Die Germanen vernichten im Teutoburger Wald (nahe Osnabrück) **3 römische Legionen,** ein Sechstel der gesamten, römischen Streitkräfte.

nach 400 n. Ch.:
Die germanischen Wandalen und Sueben durchqueren die Auvergne und genießen ausgiebig die Freuden und Schönheiten des Landes.
ab 475 n. Ch.:
Die germanischen Westgoten übernehmen die Auvergne.
Das Westgotenreich umfaßt Südwestgallien und Nordspanien.
ab 6. Jahrhundert n. Ch.:
Die Auvergne kommt unter den Einfluß der Franken, die sich im nördlichen Gallien häuslich eingerichtet haben.
ab 9. Jahrhundert:
Die Auvergne gehört zum Westfrankenreich (das heutige Frankreich ohne Süden und Osten).

Gallische Landwirtschaft im Archéodrome

1095 n. Ch.:
Papst Urban II. ruft in CLERMONT zum Kreuzzug nach Palästina und zur Befreiung Jerusalems auf.
1213:
Der französische König Philipp August bringt die Auvergne unter seine Herrschaft.
1337 - 1453:
"Hundertjähriger Krieg" zwischen der französischen Krone und dem englischen König, der gleichzeitig Herzog der Normandie ist.
Die Engländer hatten um 1350 weite Teile West- und Mittelfrankreichs unter Kontrolle.
1453:
Der Krieg endet mit dem Hinauswurf der Engländer aus Kontinentaleuropa (bis auf einige Kanalinselchen).
1633:
Kardinal Richelieu, Führer der königlichen Politik, läßt Burgen in der Auvergne zerstören.Der Adel soll seiner Machtgrundlage beraubt werden, um dem König nicht mehr gefährlich werden zu können.
ab 1832:
Barbier und Daubré bauen in CLERMONT-Fd. die industrielle Verarbeitung des Kautschuks auf (spätere Michelin-Werke).
1846:
Beginn des Eisenbahnbaus in der Auvergne.
ab 1870:
Entstehen eines gewissen Wohlstandes in CLERMONT-Fd. und Umgebung.
1940-44:
VICHY Regierungssitz der Regierung Pétain.
1942-44:
Die Deutsche Wehrmacht hält die Auvergne besetzt.
1943/44:
Kämpfe der Résistance.
1960:
Bildung der Verwaltungs- und Wirtschaftsregion Auvergne
1969-1974:
Georges Pompidou, der aus der Auvergne stammt, ist Präsident der Französischen Republik
1974-1981:
Nach dem Tod von Pompidou folgt ein weiterer Auvergnate ins Präsidentenamt: Valérie Giscard d´Estaing. Er wurde abgewählt. Nachfolger ist Mitterand.

199... S i e besuchen die Auvergne.

PARC DES VOLCANS

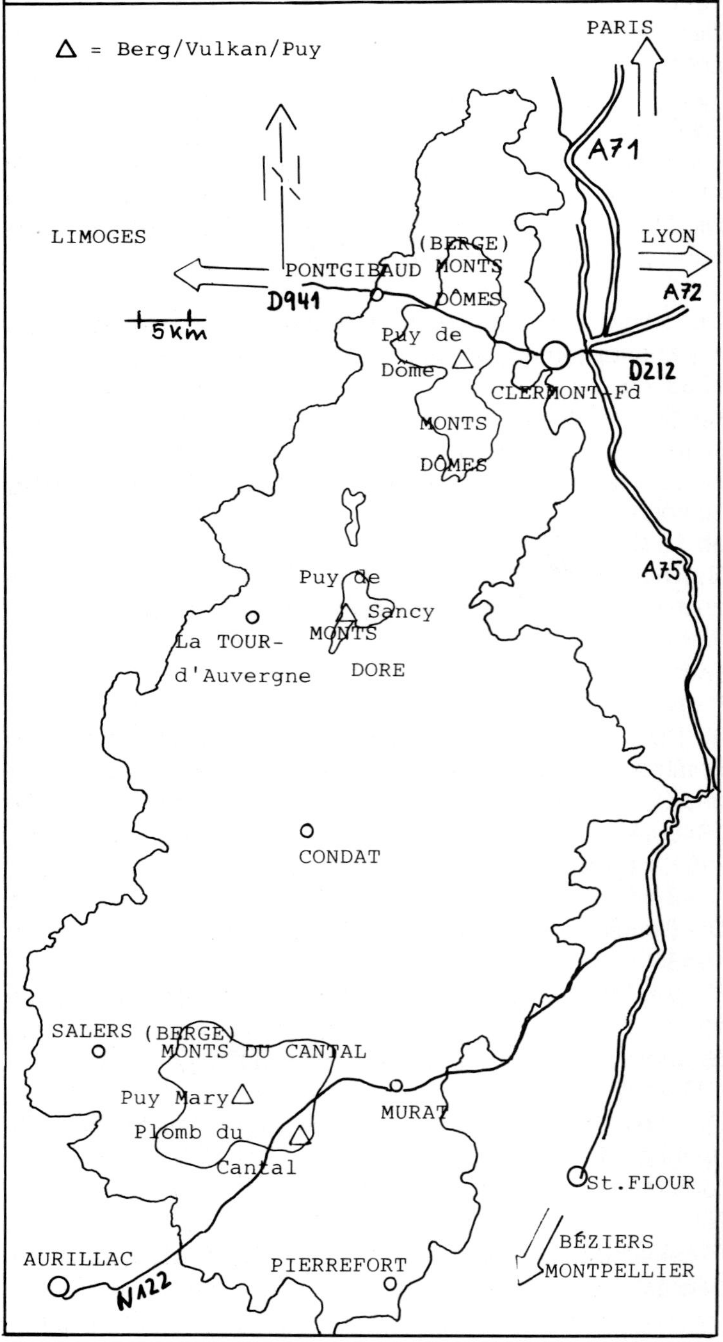

NATURPARKS

Livradois-Forez

Der Naturpark Livradois-Forez erstreckt sich auf fast 300.000 Hektar. Innerhalb des Naturparks gibt es 155 Gemeinden mit 100.000 Einwohnern.

Im Norden grenzt er an die D 955, den Fluß Sichon und die Waldlandschaft des Bourbonnais. Im Süden kommt er bis auf 20 km an Le PUY-en-Velay heran. Seine Westgrenze verläuft im Abstand von 10 km östlich zur N 9.

Der Naturpark soll die ländliche, bäuerliche Auvergne vor ihrem weiteren Niedergang schützen. Familienbetriebe, Handwerk und Kleinindustrie sollen auch zukünftig das wirtschaftliche Rückgrat bilden und der bedrohlich werdenden Landflucht entgegenwirken.

Da zur Landschaft die einheimische Bevölkerung gehört, muß ein Zwischenweg von Ökologie und Ökonomie gesucht und gefunden werden.

Naturpark der Vulkane
parc des volcans

Der Naturpark der Vulkane ist mit 348.000 Hektar der größte in Frankreich. Seine Nord-Süd-Achse beläuft sich auf 120 km. Er belegt den Mittelstreifen der Départements Puy-de-Dôme und Cantal. 130 Gemeinden haben sich dem Park angeschlossen und 90.000 Menschen wohnen hier.

Die Ziele sind ähnlich wie beim Park Livradois-Forez. Mit seinen Vulkanen ist er in seiner Einmaligkeit die Perle unter den europäischen Naturparks.

Die Pflanzenwelt wartet mit über 2.000 verschiedenen Arten auf. Nur einige davon: Enzian, Eisenhut, Alpenanemone, Baldrian, Vergißmeinnicht, etc.

Für die Tiere ist der Park ebenso Heimat. Moufflons, Gemsen, Murmeltiere, Eber, Rotwild, Füchse, Marder. Die Vögel sind mit Eulen, Schlangenadler, Habicht und Falken vertreten. Zugvögel nutzen den Park als Zwischenstation.

Überall im Naturpark sind Informationstafeln, markierte Wanderwege und vieles mehr für den Besucher vorbereitet. Für den Wintersportler ist bestens gesorgt. In beiden Naturparks ist **offenes Feuer und freies Camping nicht gestattet.**

SPRACHE

Der französische Zentralismus und die allgemeine Schulpflicht haben seit knapp 200 Jahren eine einheitliche Landessprache geschaffen. Die traditionsbeladene Académie française wacht über das Niveau und die Reinheit der Sprache, heute jedoch weniger erfolgreich als früher. Die führenden Schichten oder solche, die sich dafür halten, pflegen die Hochsprache. Der Dialekt hat kein großes Ansehen. Doch wird im Alltag die ganze Vielfalt der Dialekte gesprochen. Auf dem Land hat der Ausländer zuweilen große Mühe, die Sprache zu verstehen.

Sprachhistorisch zerfällt Frankreich in zwei Teile. Dabei sind das Korsische, das Bretonische und das Elsässische/Deutsche nicht berücksichtigt. Der Norden hat seine langue d´oil (oil ist der Vorläufer von oui=ja) als Hochsprache durchgesetzt. Es ist die französische Sprache. Der Süden, der Bereich der langue d´oc (oc vom lateinischen hoc) hat eine eigene, sprachliche Entwicklung aus dem Lateinischen vorzuweisen. Der Süden war nie eine politische Einheit und konnte keine eigene Hochsprache schaffen und durchsetzen.

Seit einigen Jahrzehnten werden diese einzelnen “Dialekte” mit de**m Sammelbegriff Okzitanische Sprache(n) bezeichnet.** Dieses Okzitanische wird an Universitäten und in interessierten Kreisen wiederbelebt und gepflegt. So sind schon zahllose Bücher in Okzitanisch erschienen. Gemeinden benennen Straßen okzitanisch. In einzelnen Dörfern, in Namen, Sprichwörtern, Liedern ist diese Sprache jedoch nie ganz verschwunden, obwohl der Pariser Zentralstaat sich alle Mühe gegeben hat, sie zu tilgen. Anhänger des Okzitanischen haben auf ihren Autos öfters den Aufkleber “OC”.

Die Auvergne spaltet sich sprachlich in drei Teile auf. Der Norden, das Bourbonnais, gehört zur langue d´oil. Der mittlere und südöstliche Teil führt seine sprachlichen Wurzeln direkt auf das Lateinische zurück. Hier soll eine eigenständige, romanische Sprache gesprochen worden sein. Allerdings gibt es nur mündliche Zeugnisse, keine schriftlichen. Übergangslos ging dieser Dialekt in den okzitanischen Sprachbereich über. Die Gegend um AURILLAC tendiert nach dem Südwesten Frankreichs.

STAAT und VERWALTUNG
oder: Freiheit, Gleichheit, Brüderlichkeit

"Der Staat bin ich", soll Ludwig XIV., der gerade 1.59 m große Sonnenkönig gesagt haben. Gehandelt hat er zumindest danach. Außerhalb Frankreichs hat er genügend Nachahmer gefunden und findet sie noch. Die Unfähigkeit seiner Nachfolger, die veränderte innen- und außenpolitische Lage und nicht zuletzt die französische Revolution von 1789 machten den königlichen, absolutistischen Herrschaftsansprüchen ein Ende. Nicht zu Ende war und ist der Zentralstaat.

Die Revolution zerschlug die Provinzen als politische Einheit und **teilte das ganze Land in heute 95 Départements. Diese waren so** geschnitten, daß der Präfekt, Chef eines Départements und Vertreter der Zentralgewalt in der Provinz, morgens losreiten und abends wieder in seinem eigenen Bett schlafen konnte. Die Départements bekamen geographisch orientierte Namen nach Flüssen, Bergen etc. wie Cantal, Allier, Puy-de-Dôme. So war die Provinz völlig ohne eigene politische Vertretung und Bedeutung.

Eine politische Karriere verläuft in Frankreich in der Regel nicht über die Provinz, sondern in der Hauptstadt. Erst als gemachte Leute kehren die Damen und meist Herren teilweise zurück. Sie lassen sich gerne vom Gemeinderat zum ehrenamtlichen Bürgermeister wählen und behalten ihre Posten in Paris bei. Die Gemeinden versprechen sich davon einen besseren Zugang zu den Pariser Fleischtöpfen.

1972 milderten die Sozialisten den Zentralismus. Die Präfekten heißen jetzt "commissaires" und zwischen Regierung und Département wurde die Region gelegt. Die Regionen übernahmen teilweise historische Namen. Dabei bekamen Region und Département eigene, gewählte Parlamente, Geldmittel und Kompetenzen. Politisches Gewicht wuchs der Provinz weniger zu.

Die eigentliche, politische Schlüsselfigur Frankreichs ist der Staatspräsident. Er wird direkt auf bislang 7 Jahre vom Volk gewählt, bestimmt die Richtlinien der Politik und vertritt Frankreich nach innen und nach außen.

VERKEHRSVERHÄLTNISSE

Die deutschen Straßenverkehrsordnung gilt inhaltlich auch bei unserem französischen Nachbarn. Die Schilder sind die gleichen. Zu den gängigen Vorfahrtsschildern setzen die Franzosen noch Texte. So steht in der Vorfahrtsrichtung: "passage protégé" (vorfahrtsberechtigte Straße). Bei Vorfahrt achten steht: "Vous n´avez pas la priorité" (Sie haben keine Vorfahrt).

Die Franzosen lieben schon lange den Kreisverkehr. Hier gilt: rechts vor links! Der Einfahrende hat Vorfahrt.

Sehr unterschiedlich ist allerdings das Fahrverhalten. Da gibt es eine Nord-Süd-Steigerung bezüglich freier und temperamentvoller Interpretation der Straßenverkehrsordnung. Während bis ins Rhônetal und in der Auvergne wie bei uns gefahren wird, geht es südlicher "chaotischer" zu. Dieses Chaos hat dennoch seine Regeln. Die laufen auf eine zweckbezogene Anwendung der Verkehrsregeln hinaus. Das macht sich bei Vorfahrt und Überholvorgängen bemerkbar. Als Landesfremder soll man d e f e n s i v fahren. Die örtliche, temperamentvollere Fahrweise klappt nur, wenn sie einem in Fleisch und Blut übergegangen ist. Nach zwei Wochen hat man das noch lange nicht drin!

Bei den Autobahnen scheinen die Mitteleuropäer im Vorteil zu sein. Da die französischen Autobahnen lange nicht so belebt wie die unsrigen sind, fühlen sich die Franzosen bei einem dichteren Verkehr, der für uns noch harmlos ist, schon spürbar unsicherer. Doch sollte man auf der fast leeren Autobahn von MÜHLHAUSEN bis BEAUNE und in der Auvergne nicht die Sau herauslassen.

Fahrer aus PARIS, Endnummer des Autokennzeichens 75, genießen den Ruf, sich im Straßenverkehr für unschlagbar zu halten. Das mag für den Stadtverkehr in PARIS zutreffen. Auf Landstraßen und Autobahnen sind sie zwar muckenfrech bei Ausnützen einer Lücke, aber sonst sind sie den Verkehr auf diesen Straßen nicht so gewohnt. Das zeigt sich bei höheren Geschwindigkeiten.

Eine besondere Spezies sind Fahrer von dicken Schlitten mit Pariser Kennzeichen. Das sind die Jungs, die der schwachen Intensität ihrer Lichthupe wegen und des mageren Lichtwertes des linken Blinkers die UNO-Menschenrechtskommission bemühen.

Die Geschwindigkeitsbeschränkungen betragen für PKW, Wohnmobile und Gespanne auf der Autobahn 130 km/h, bei Nässe 110 km/h, auf vierspurigen Straßen 110 km/h, übrige Straßen 90 km/h. Bei Nässe jeweils 10 km/h weniger. Der innerörtliche Verkehr ist auf 50 km/h begrenzt, wobei sich immer mehr Tempo 30 durchsetzt mit den entprechenden Verkehrshindernissen. Fahrer mit Führerscheinbesitz unter 12 Monate nur 90 km/h auf außerörtlichen Straßen.

Die Straßenbezeichnungen A=Autobahn, N=Nationalstraße (Bundesstraße), D=Départementstraße (Kreis- oder Regionalstraße) sagen mit Ausnahme der Autobahn nicht viel. So sind zwar die Nationalstraßen in gutem Zustand, aber bei weitem nicht so schnell befahrbar wie Bundesstraßen. Die D-Straßen können besser ausgebaut sein als N-Straßen.

Die Wegbeschilderung ist gut. Das Autobahnschild ist das gleiche wie bei uns. Auf Nationalstraßen wird mit Wegweiser auf grünem Grund hingewiesen. Ebenso sind Wegweiser, die auf Département-Hauptstädte hinweisen, mit grünem Grund. Innerhalb des Départements haben die Schilder einen weißen Grund. Braune Schilder machen auf touristische Sehenswürdigkeiten aufmerksam.

KRATERAUSBRÜCHE

Alter: 7 Millionen Jahre

Phase 1:

Während des Ausbruchs verändert und zerstört sich die Kuppel-Form der Lavamasse, da ständig Gesteinsbrokken herabstürzen.

Phase 2:

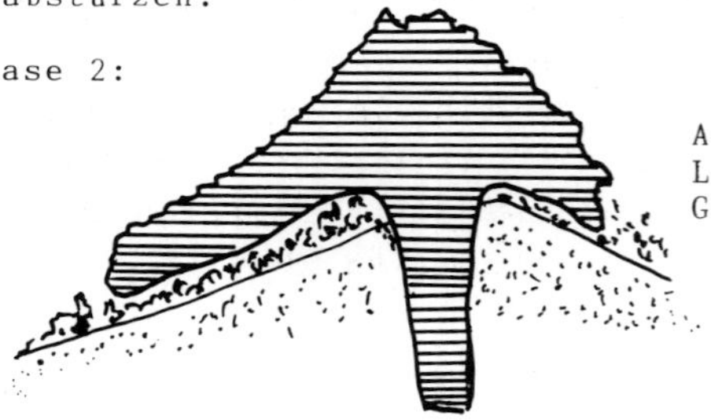

Alter: 330 000 Jahre

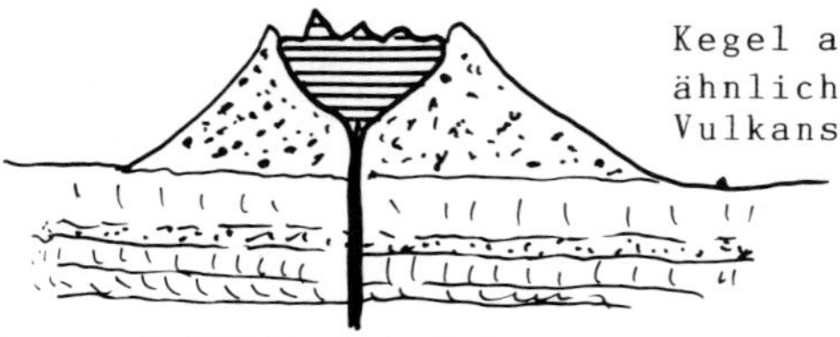

Alter: 3 Millionen Jahre

Vulkane

Seit jeher erregen feuerspeiende Vulkane die Phantasie und die Angstgefühle des Menschen. In den Vulkanen werden göttliche Kräfte, geheimnisvolle Dämonen vermutet. Die Römer übernahmen den Feuergott der alten Griechen und nannten in Vulkanus, Sohn des Jupiters, des Chefgottes überhaupt. Vulkanus saß im Ätna auf Sizilien und schmiedete die Blitze des Jupiters zusammen, die der dann nach Belieben in der Welt herumwarf. Im christlichen Mittelalter wurden die Vulkane für Ausstöße der Hölle gehalten bzw erklärt.

Und heute? 571 Vulkane sind aktiv, davon ca 50 wirklich tätig. Der südphilippinische Pinatubo machte 1991 von sich reden.

Der wissenschaftliche Ehrgeiz der Menschheit verbietet, einfache anschauliche und einprägsame Erklärungen zu verbreiten und zu glauben. Warum gibt es Vulkane?

Die Wissenschaft weiß manches, den Rest vermutet sie. Die Erdkruste "schwimmt" auf einer recht heißen Lavamasse, die zudem noch unter einem hohen Druck steht. Das klingt ziemlich ungemütlich. Normalerweise bleibt die kochende Suppe unter dem Deckel, sprich Erdkruste. Es gibt aber in den Platten der Erdkruste Risse oder zwei Erdplatten reiben aneinander, dann kann etwas passieren: Ausbrüche oder Erdbeben oder beides. Bei Ausbrüchen werden aus bis zu 200 km Tiefe - die Erdkruste ist nur wenige Kilometer dick - heiße Lava herausgeschleudert. Dabei sprudelt oft heißes Wasser nach oben. Geysire wie in Island entstehen.

Zeittafel

Entstehen der Alpen, Bildung der Ebenen (Limagnes), des Beckens des Forez und des Velay (Le PUY) :	vor 30 Mio Jahren
Erste Ausbrüche des Cantal:	vor 20 Mio Jahren
Erste Ausbrüche der Monts Dore (Sancy):	vor 18 Mio Jahren
Lavastrom bei ROYAT:	vor 11.000 Jahren
Erdbewegungen zur Entstehung der Kette der Puys:	vor 10.000 Jahren
Entstehen des Sees Pavin (durch Explosion):	vor 5.500 Jahren

KRATER-BEISPIELE

→Beispiele siehe Karte der Kette der Puys←

senkrechter Ausbruch
einfacher Krater
z.B.:Puy des Goules

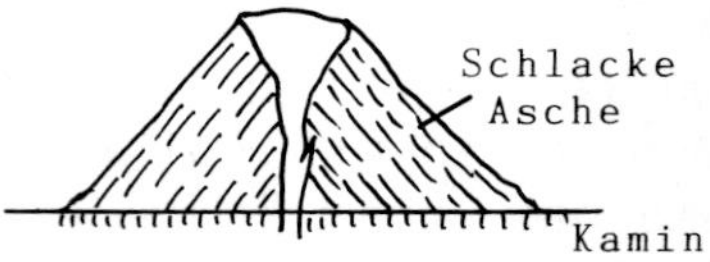

Krater-Querschnitt

ausgezackter Krater

z.B.:Puy de Vache

Doppelkrater

z.B.:Puy de Côme

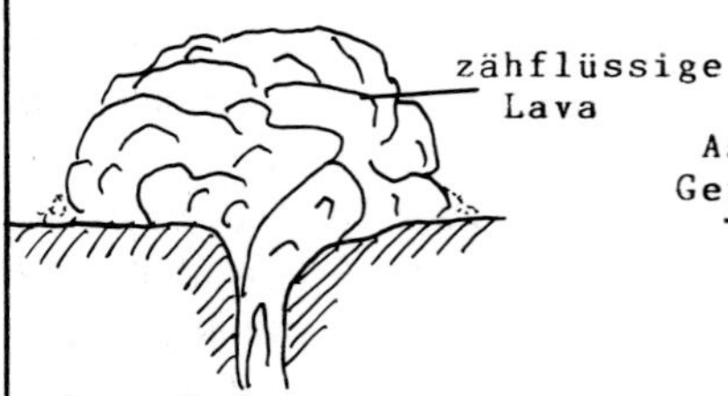

Kuppel-Krater
z.B.:Sarcoui

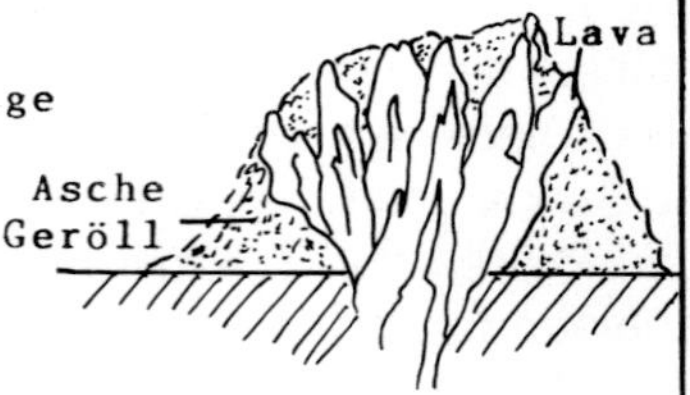

Kuppel-Krater
z.B.:Puy de Dôme

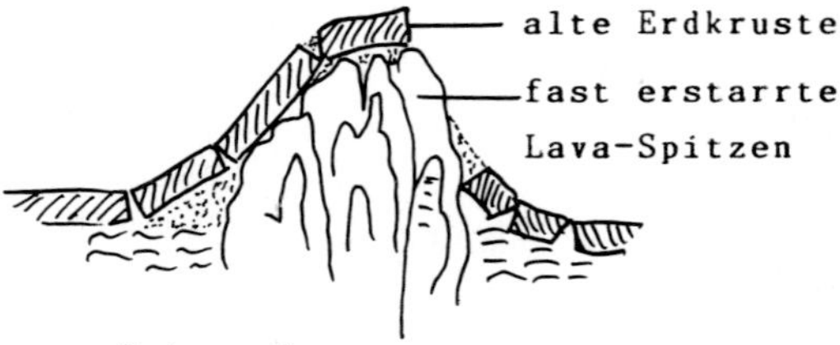

Spitzenform z.B.:Puy Chopine

Querschnitt einer Caldera
z.B.: Beaunit
Caldera:durch Explosion oder Einsturz entstandener Krater-Kessel

LE CANTAL

Das Massiv des Cantal zählt läppische 20 Mio Jährchen. Ähnlich wie der Mont Dore wird der Cantal als ein Strato-Vulkan bezeichnet. Das heißt, alles ist aus einem Vulkan hervorgegangen. Anschließend entsprangen weitere Vulkane aus dem Massiv. Beide Massive, der Cantal und der Mont Dore, sitzen auf derselben Achse und bilden beide jeweils einen Kreis. Ihre Lavamassen beinhalten höchst unterschiedliche Teile. Der Cantal hat die Form eines großen Kegels, dessen Spitze "abgebrochen" scheint. So erscheint er größer als er tatsächlich ist.

Die Mitte des Groß-Vulkans ist der Puy Griou. Im Zentrum des Cantal ist eine Caldera, ein eingestürzter, kesselartiger Vulkankrater von 10 km Durchmesser zu erkennen. Die Lava breitete sich bis SALERS im Westen und St. FLOUR im Osten aus.

Im Norden erreichten die Lavamassen die Ebene von Limon, nördlich von DIENNE. Die Kernzone umfaßt den Plomb du Cantal, das obere Tal des Mars bei Le FULGOUX und das obere Tal der Santoire und der Cère.

Der Plomb du Cantal ist zwar der größte, aber nicht der Bedeutendste. Er hat lediglich den größten Kamin, durch den die Lava ausbrach, und er widerstand der Erosion erfolgreicher.

Die Gletscher haben dem Cantalmassiv gehörig zugesetzt. Allein im Herzen des Massivs existieren aus dieser Zeit nicht weniger als 15 Talkessel. Beispiele sind der Talkessel um den Puy Mary und der Kessel von FALGOUX, der Quelle des Flüßchens Mars. Die pyramidenähnlichen Formen des Mary und des Sancy sind ebenfalls Produkte der Gletscher.

Gesteinsschutt, Moränen, finden sich am Rande der Täler und in den Tälern selbst. Dort gab es regelrechte Gletscherseen.

Noch einige Zahlen, die uns die Wucht des Cantal veranschaulichen sollen. Der Plomb du Cantal ist 1.854 m hoch. Die Oberfläche des Groß-Vulkans Cantal betrugen 2.700 Quadratmeter, die des Ätna 1.200 Quadratmeter und die des Mont Dore 600 Quadratmeter. Der Vesuv kommt auf ganze 150. Die Masse des Cantal umfaßte ca 4.000 Kubikkilometer, die des Mont Dore 250 Kubikkilometer. Der Vesuv paßte locker 18 mal in den Cantal.

DIE KETTE DER VULKANE

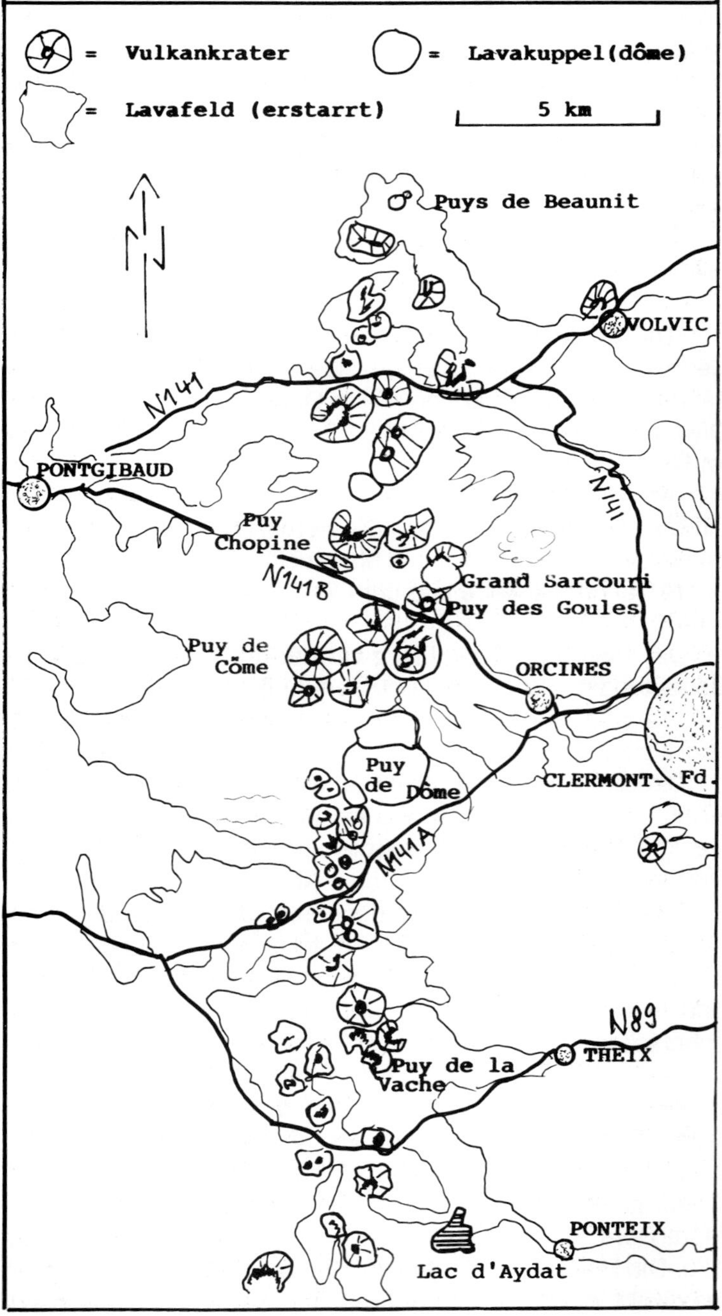

Die Kette der Vulkanberge

La Chaîne des Puys

Die jüngsten Vulkane sind die Monts Dômes (Dômes-Berge) oder die Kette der Puys. "puy" kommt vom Lateinischen "podium", das im Deutschen in seiner lateinischen Bedeutung verwendet wird, also Plattform. Die Auvergnaten hatten eine weitere Bedeutung "Sockel, Anhöhe" übernommen und im Laufe der Jahrhunderte ein "puy" daraus gemacht. Sie verwenden dieses "puy" für die Bezeichnung ihrer Vulkanberge.

Der Druck aus der Erde wuchtete sie vor ungefähr 10.000 Jahren auf einer Nord-Süd-Länge von 30 km und einer Ost-West-Breite von 3 m nach oben. Insgesamt brachte die Naturgewalt über 80 Lavakolosse in die Höhe. Etliche stehen vereinzelt herum. Der häufigste Kratertyp ist der einfache Berg mit einem großen Loch in der Kegelspitze. Dieser Typ wird nach dem italienischen Vulkan Stromboli benannt, der auf den äolischen Inseln nördlich Sizilien anzutreffen ist.Da hin und wieder das Kraterloch ausbrach, konnte die Lava seitlich ausfließen. Als Beispiel haben wir den Puy de Vache, den Kuhberg.

Eine Kuriosität leistete sich die Natur mit dem Puy de Côme. Da hatte das Erdinnere eine Weile Ruhe gegeben. Die Lava erkaltete, doch dann drückte noch ein Nachschlag durch die Kratermitte durch. Als der Ausbruch vorbei war, hatte sich ein kleines Kraterle (hochdeutsch: kleiner Krater) auf und in den alten Krater gesetzt, der Krater im Krater war geschaffen.

Der Nid de la Poule, das Nest der Henne, und der Puy Chopine kamen so zustande, daß die Lava die alte Erdkruste nur hochdrückte und erkaltete. Es lief also seitlich keine heiße Gesteinsmasse ab.

Der Stolz und das Wahrzeichen der Auvergne, der Häuptling der ganzen Schlote ist der Puy de Dôme, auch der "alte Kelte" benannt. Er ragt mit seiner Urgewalt 1.465 m in den Himmel. Als der Koloß noch in der Erde brodelte, brach an dieser Stelle eine lange, ungefähre Nord-Süd-Spalte auf. Zunächst strömte Lava in die Landschaft. Dann erfolgten mehrere, machtvolle Explosionen. Langweilig war es damals nicht, in der Auvergne. Aus Lava, Asche und sonstigem Gesocks des Erdinnern, das alles an die Sonne wollte, formte die Natur in Sekunden, wie forschende Menschen meinen, den Puy de Dôme. Es lief Lava noch in die Umgebung. Der riesige Materialblock hat die Erdspalte einfach zugeschüttet. Seine "Wurzeln" sitzen wie Korken in der Spalte. **Daß die Puys Vulkane waren, wurde erst vor knapp 250 Jahren erkannt.**

LES MONTS DORE

(Sancy, Banne d´Ordanche, Aiguille)

Die Vulkangruppe der Monts Dore nimmt sich neben den Vulkanen der Kette der Puys recht gewaltig aus. Die Magmamasse hatte sich beim Ausbruch nicht in die ganze Umgebung verteilt. Das Massiv der Monts Dore bildet eine weite Ellipse von 35 km längs der Achse St. PIERRE-ROCHE bis zum See Chauvet und der zweiten Achse von La BOURBOULE nach MUROL mit 16 km Länge. Die Ausdehnung dieses ordentlichen Massivs beträgt 600 Quadratkilometer, das ist das Dreifache des Vesuvs und das Vierfache der Chaîne des Puys, der Kette der Puys. Die ausgestoßene Lavamasse umfaßt kaum vorstellbare 250 Kubikkilometer. Die Spitze des Sancy überragt den Sockel mit fast 900 m. Ursprünglich erhob sich der Sancy einschließlich Sockel auf wahrscheinlich 2.200 m, die jedoch die Gletscher bis auf 1.886 m abgeschliffen haben.

Die Tätigkeit des Vulkanmassivs Monts Dore begann vor fast 19 Mio Jahren. Zeiten mächtiger Aktivitäten lösten sich mit langen Ruhephasen ab. In den Niederungen bildeten sich Seen aus. Eine Tier- und Pflanzenwelt blühte auf. Urelefanten, Hirsche, Tapire (das sind ca 1 m große und 2.5 m lange Säugetiere mit Rüssel, heute noch in Südamerika und in Asien), Rhinozerosse, Löwen, Bären, wilde Hunde, Hyänen, Luchse und Biber bevölkerten vor ca 2 Mio Jahren diese Gegend. Dann überzog infolge eines Klimawechsels die Eiszeit alles mit ihren Gletschern, die die Landschaft so hinformten, wie wir sie heute kennen.

Während der Mont Dore zur Ruhe gekommen ist, brechen vor 10.000 Jahren neue Vulkane aus. Sie schaffen die prachtvollen Seen Chambon und Pavin.

Und heute? Die herrliche Vulkanlandschaft des Mont Dore oder der Monts Dore (der Landschaftsname ist mal in der Einzahl “Berg Dore” mal in der Mehrzahl “Berge Dore” in Verwendung) duldet und leidet. Sie erduldet die Menschen. Diese haben dem fast ewigen Sancy längst eine Seele gegeben oder diese bemerkt. Und daß diese Seele schäumt und kocht vor Wut, spüren die Menschen der Gegend. Das schlechte Gewissen und die Furcht vor der Allgewalt der Natur lassen die Menschen an die wütende Seele glauben.

Und wenn der Sancy der Menschen überdrüssig ist, so die Legende, dann bricht er wieder aus.

WIRTSCHAFT
oder wovon lebt der Mensch?

Wenig berührte Natur ist romantisch. Die Kehrseite ist aber oft Armut oder niedriges, wirtschaftliches Niveau. Das trifft in der Tendenz auf die Auvergne zu. Diese Region hängt seit langem am Tropf der französischen Zentrale. Der im Herbst 1991 zurückgetretene Bürgermeister von CLERMONT-Fd. Quilliot, ein ehemaliger Minister, spricht von dem "langsamen Tod" der Auvergne. Eine sichtbare Grundlage ist die **Landwirtschaft.**

Die Betriebe sind Familienbetriebe, klein und mit altem Maschinenpark. Dabei spielt die Milchwirtschaft eine herausragende Rolle. Nur in Gebieten zwischen CLERMONT-Fd. und VICHY wird Weizenanbau betrieben. Sonst sieht man prächtige Sonnenblumenfelder, Wiesen und Kühe. Aus der Milchwirtschaft entstehen berühmte Käsesorten. Wie überall in Frankreich leidet auch die Auvergne an der Landflucht.

Die Industrie spielt nur in und um CLERMONT-Fd. eine größere Rolle, dort allerdings eine sehr wichtige. Der unverzichtbare Arbeitgeber ist Michelin, mit rückläufiger Tendenz. Im übrigen Land sieht man hier und dort kleinere Unternehmen. Insgesamt findet Industrie nur wenig statt.

Die großen Schätze der Auvergne sind das weiße Gold, die Wasserkraft und die Vulkanwelt als Touristenattraktion und als Faszination für den Menschen überhaupt. Die Vulkane bescherten dem Land berühmte Thermalquellen. VICHY, CHAUDES-AIGUES, CHATEL-GUYON stehen für viele andere. Der Kurbetrieb ist bestens ausgebaut. Auch für Durchreisende ist der Besuch der Kurorte mit den vielfältigen Angeboten ein Genuß. Es läßt sich locker von einem **Edeltourismus** sprechen. Da diese Orte eine meist fast 2.000jährige Geschichte schreiben, trifft der Besucher auf eine gewachsene Kultur. Die Flüsse und Seen der Auvergne bilden für das hochindustrialisierte Pariser Becken, wo 20% der Franzosen angesiedelt sind, ein unersetzliches Wasserreservoir. Romantischer könnte man vom Wasserschloß Auvergne sprechen. Ob die Pariser alle das wissen, wenn sie die Vulkanlande auf der A 71 durchbrettern?

Die gestauten Flüsse, die weiße Kohle, produzieren eine Menge Stromenergie, so 4 Milliarden Kilowattstunden jährlich. Das ist knapp ein Prozent der französischen Stromerzeugung und die Hälfte des auvergnatischen Eigenbedarfs.

Der wichtige Wirtschaftsfaktor sind Sie, der zahlende Besucher.

Von
ZAHLUNGSMITTELN
und anderen überflüssigen Dingen

Wie sonst halt auch, braucht man in Frankreich Geld. Selbst die schönsten Augen oder beste Sprachkenntnisse geben keinen hinreichenden Ersatz. Die Franzosen haben als Währung den Franc, abgekürzt FF (Franc Français). Diese Kürzel ist auf den Euroscheck im Kästchen "Währung" einzutragen. In der Umgangssprache sagt man auch "balle" für Franc. Die Zeitungen benutzen diese Bezeichnung hin und wieder. 100 Centimes sind 1 Franc.

Zur Barzahlung hat man (oder man hat nicht) Münzen zu 5, 10, 20 und 50 Centimes und zu 2, 5 und 10 Franc zur Verfügung. Ganz wichtig für Automaten sind derzeit die FF 10 Münzen. Das Angebot an Banknoten erstreckt sich auf 20, 50, 100 und 500 FF Scheine.

Der Wechselkurs 1991 beträgt 0.29 DM zu FF 1. Allerdings gibt es leichte Schwankungen. Der Wechselkurs verführt dazu, daß man die FF Preise nicht ernst nimmt, da man "hohe" Geldbeträge für seine D-Mark bekommen hat, und die Preise in DM umgerechnet viel "niedriger" sind. Vielleicht ändert sich das mal mit der oder dem ECU, der Europawährung, wo sich Preisvergleiche leichter anstellen lassen. Doch das ist Musik für das Ende unseres Jahrhunderts vermutlich.

Mit Euroscheck kommt man gut durch. Die Banken berechnen jedoch Gebühren, die Einlösebank in Frankreich (der Handel gibt ab und zu diese Gebühr an den Kunden weiter), und die eigene Bank in Deutschland. Die Auszahlung erfolgt in FF und pro Scheck im Moment bis zu FF 1.400.-. Dabei ist die Vorlage des Personalausweises oder Reisepasses notwendig. Auszahlungen in Nicht-Franc-Währungen sind für Ausländer in Frankreich untersagt. Ein Deutscher bekommt in Frankreich auf der Bank kein deutsches Geld. Nicht alle Restaurants und Geschäfte nehmen Euroschecks an! Die Banken sind von Montag bis Freitag, sehr selten Samstag, von 9 Uhr 30 bis 12 Uhr und von 14 Uhr bis 16 Uhr geöffnet.

Die Kreditkarten sind in Frankreich groß in Mode. Zwar nicht bei allen Geschäften, aber die Gallier sind uns dennoch munter voraus. Kaufhäuser und Supermärkte nehmen kein Plastikgeld. Doch der Parkautomat der Tiefgarage, die Péage-Stellen an der Autobahn, die Tankstellen und der Geldautomat der Banken akzeptieren die Karte. An den Péage-Stellen der

Autobahn soll man Bargeld dabei haben, falls der Karten-Automat nicht funktioniert!

Die Euroscheck-Karte öffnet auch den Geldautomat, doch nicht jeden. Da sollte man sich eine Liste bei seiner Bank besorgen.

Wichtig: Die Verkäufer achten praktisch nicht darauf, ob die Unterschrift auf dem Kassenzettel mit der auf der Karte übereinstimmt, ganz zu schweigen von einer geforderten Vorlage des Personalausweises.

Nicht zu vergessen ist das gute, alte Postsparbuch. Allein der Inhaber des Postsparbuches erhält gegen Vorlage seines Personalausweises pro Tag den Gegenwert von 1.000 DM und im Monat von 2.000 DM. Der Postsparer soll sich bei einem deutschen Postamt die Liste der geldauszahlenden Postämter in Frankreich geben lassen. Die betreffenden Postämter sind auch Inhabern von Euroschecks zugänglich. Öffnung in der Regel: mo-fr: 9-12 Uhr und 14-19 Uhr. Samstag (nicht überall) 9-12 Uhr.

Falls Sie in Frankreich größere Bargeldausgaben tätigen wollen, können Sie FF-Beträge in unbegrenzter Höhe einführen. Bei der Ausfuhr gilt es vorsichtiger zu sein. Hier ist Limit bei FF 50.000.

Das Allerbeste kommt zum Schluß, wenn nach Rückkehr aus dem unbeschwerten Urlaub Banken und Kreditkarteninstitute meinen, unbedingt an uns denken zu müssen. Dann schlägt die Stunde der Wahrheit. Jetzt beginnt man einzuteilen: was war nötig gegen den Hungertod, was war Kultur, um sich von Masse abzuheben, was war die große Gelegenheit, irgendetwas günstigst zu erwerben, womit zu Hause keiner mehr etwas anfangen kann?

Zum Trost, als Alibi für den Hausgebrauch, ein Gedicht von **Wilhelm Busch:**

"Wonach Du sehnlich ausgeschaut,
Es wurde Dir beschieden.
Du triumphierst und jubelst laut:
Jetzt hab ich endlich Frieden.

Ach Freundchen, rede nicht zu wild,
Bezähme Deine Zunge:

**Ein jeder Wunsch, wenn er erfüllt,
kriegt augenblicklich Junge!"**

Tagesfahrt 1

CLERMONT- FERRAND

Besichtigen:	CLERMONT-FERRAND
Zeit:	1 bis 2 Tage
Übernachten:	CHATEL-GUYON Campingplatz

CLERMONT-FERRAND ist eine Doppelstadt, eine Stadt mit zwei historischen Stadtkernen. Die Gallier standen an der Wiege von CLERMONT. Sie siedelten hier im 1. oder 2. Jahrhundert vor unserer Zeitrechnung. Am heutigen südlichen Stadtrand lag das zur Legende gewordene GERGOVIA, der politische Mittelpunkt des gallischen Stammes der Arverner.

Ewigen Ruhm brachte ihnen ihre Widerborstigkeit gegen Cäsar. Im Jahre 52 v. Ch. verfolgte der Held aus alten Lateinstunden einen geschlagenen, gallischen Heerhaufen, der sich auf GERGOVIA zurückzog. Cäsar und weitere 20.000 römische Legionäre bissen sich an den Wällen dieser arvernischen Zuflucht die Zähne aus und gingen von dannen. Chef der gallischen Verteidiger war ein gewisser Vercingetorix. Dieser junge Held hatte ganz sicher auch einige tapfere Krieger unter sich, deren Nachfahren heute die Stadt CLERMONT bevölkern.

Vercingetorix mußte zwar noch im gleichen Jahr vor ALESIA im Burgundischen die Waffen strecken und in römische Gefangenschaft ziehen, aber das tat und tut seinem Ruhme keinen Abbruch. Hat er doch den einzigen - bis heute bekannten - Sieg der Gallier gegen Cäsar und seine Legionen erfochten.

Als während des Zweiten Weltkriegs die Deutsche Wehrmacht Frankreich besetzt hielt, sammelten sich französische Studenten auf dem Feld des alten GERGOVIA und dachten an bessere Zeiten. CLERMONT steht also an der Wiege gallischer Identität.

Mit MONTFERRAND, das um 1120 n. Ch. entstand, entwickelte sich eine ständige, schlecht nachbarliche Rivalität. Das verwundert jedoch wenig, da MONTFERRAND eine gezielte, gräfliche Gründung als Gegengewicht zum bischöflichen CLERMONT war.

Kardinal Richelieu, der die königliche französische Politik in der ersten Hälfte des 17. Jahrhunderts leitete, verordnete im Jahre 1630 die Vereinigung der beiden Städte.

Mit zwei historischen Persönlichkeiten kann CLERMONT aufwarten. Sidonius Apollinaris aus dem 5. Jahrhundert nach Christi steht als Erster. Er machte Karriere als Beamter in der römischen Verwaltung und heiratete eine Tochter aus vermögendem Hause. Sein Schwiegervater war sogar zeitweilig Römischer Kaiser. Sidonius reizte sein Schicksal noch weiter

Blaise Pascal

aus. Er wechselte, wurde Christ. Keuschheit ist auch etwas, doch ohne Vermögen? Das lag nicht im Geschmack des Sidonius. Er wandelte seine Beziehung zu seiner Angetrauten um; nicht mehr Frau, nur noch Schwester. Ihr Vermögen nahm er als Andenken mit. Einen Teil bekamen die Ärmeren, den "kümmerlichen" Rest behielt Sidonius. Nöte bereiteten ihm allerdings die durchziehenden Germanen und nicht zu knapp. Sidonius Apollinaris machte gute Miene zu den Orgien der Barbaren und tröstete sich mit seiner Überlegenheit an Bildung und Lebensart. Seine Gedichte und Briefe sind teilweise noch erhalten und so unser Wissen um ihn.

Blaise Pascal ist uns nicht nur zeitlich sehr viel näher und wichtiger. Er ist 1623 in CLERMONT geboren und 1662 in PARIS gestorben. Pascal beschäftigte sich mit Mathematik (freiwillig!), mit Physik und den religiösen Fragen seiner Zeit. Er entwickelte eine Rechenmaschine, entdeckte den Luftdruck. Pascal gilt als Wegbereiter der modernen Naturwissenschaften. Seine religiösen Schriften sind ein Höhepunkt der klassischen, französischen Prosa. Pascal war schlicht ein Genie, ein Käpsele. Die Erfahrungen mit seiner Intelligenz müssen für ihn aber keine reine Freude gewesen sein. So schrieb er einmal: Ein Tropfen Liebe ist mehr als ein Ozean an Wille und Verstand.

CLERMONT-FERRAND heute ist die Michelin-Stadt, die Stadt der Universität mit ihren 15.000 Studenten. CLERMONT-Fd. ist der politische und administrative Mittelpunkt der Auvergne. 150.000 Menschen wohnen in der Stadt und noch 100.000 in der Umgebung. Damit liegt CLERMONT-Fd. an vierter Stelle auf der Hit-Liste der Städte Frankreichs.

Seit dem 19. Jahrhundert verbindet die Stadt ihr wirtschaftliches Schicksal mit den Michelin-Werken. 16.000 Menschen finden dort heute Arbeit. Vor 10 Jahren waren es noch 30.000. Weltweit arbeiten 130.000 für Michelin. Die Lage am Arbeitsmarkt ist nicht rosig. Der Bürgermeister der Stadt, ein Sozialist und Freund des französischen Präsidenten Mitterand, trat aus Protest gegen die mangelnde Unterstützung durch PARIS im Oktober 1991 von seinem Amt zurück. Handwerk und Dienstleistung, mehr bietet CLERMONT-Fd. nicht an Arbeitsplätzen. Wir fahren frischgestärkt vom Frühstück in das schwarze CLERMONT-Fd. Die Farbe kommt von dem Lavagestein, aus dem die großen Gebäude der Innenstadt erstellt sind. An der ersten Ampel, die auf Rot geschaltet ist, stehen Jugendliche. Sie putzen die Scheiben der Fahrzeuge. Sie gelangen nicht mehr zu uns. Die Ampel geht auf Grün. Als wir kurz darauf einen Parkplatz ansteuern und aussteigen, melden sich gleich zwei Jungen im Alter von 14 Jahren. Auch sie wollen unbedingt die Fenster säubern. Natürlich schauen wir etwas mißtrauisch durch die Gegend. Wir kommen mit ihnen ins Gespräch. Einer ist ein Enkel von algerischen Einwanderern, den immigrés. Wir sind neugierig. Er heißt offenbar Abelilah und wohnt im Süden bei CARCASSONNE. Seit zwei Wochen sind sie jetzt in CLERMONT-Fd.. Das Geschäft läuft besser als im Süden. Die Jungs verdienen 10 FF pro Scheibe im Schnitt. Da sei zwischen 20 Centimes und 50 FF alles vertreten, erzählen sie. Die besten Kunden seien die Touristen. Spendabel seien besonders die Deutschen. Der Ruf sollte wohl verpflichten.

Wir gehen weiter ins Zentrum zum Place de la Jaude. Dieser Platz ist in der Form einer großen Ellipse angelegt. Innen ist Fußgängerbereich, außen quält sich der Verkehr herum. In den jeweiligen Brennpunkten bauten die Stadtväter um die Jahrhundertwende imposante Denkmäler. Erste Vermutung: Das kulturel so gepflegte Frankreich, das einstige Vorbild der abendländischen Welt für Esprit und Clarté - für Geist und Klarheit - hätte hier Pascal in Bronze erstehen lassen, doch weit daneben gedacht. Pascal sitzt nicht hier. Am Rande der Innenstadt hat er sein Plätzchen. Hier im Zentrum von Abgasen und Lärm imponieren - oder sollten es - Recken der Geschichte des ruhmreichen Frankreichs vor sich hin. Der südliche ist ein Herr der Umgebung. Stolz steht er, Blick frei geradeaus, aber doch mehr Uniform als Mann und Held. Das ist der General Dessaix. Nie gehört? Der Chef ist bekannter, Napoleon I., französischer Militärimport aus Korsika. Im Jahre 1800 schlug sich der Korse bei Marengo in Oberitalien mit den Österreichern herum. Napoleon, damals noch mickriger Konsul, nicht Kaiser Frankreichs, gewann, und Dessaix durfte mitgewinnen. Da Dessaix aus einem Dorfe in der Nähe stammt, kam er auf den Sockel.

Gegenüber Dessaix reitet Vercingetorix. Seine Attacke geht über einen toten Römer in Richtung Platzmitte in Verlängerung zum Centre Jaude. Das ist das große Kaufhaus am Platze. Vercingetorix, ein Kämpfer gegen den kapitalistischen Konsum? Fast könnte man meinen. Aber zuerst schauen wir auf zum Helden der Gallier. Ein militärischer Führer muß führen. Das tut auch Vercingetorix. Zu diesem Zwecke wendet er seinen edlen, tapferen Blick nach seitlich rückwärts, zu seinen Mannen. Doch wo er hinblickt stehen keine, sondern die Gebäude der Crédit Lyonnais, eine der wichtigsten Banken Frankreichs. Als er gegen Cäsar ritt, hat Vercingetorix schon begriffen, Geld ist die Seele des Geschäfts, auch des militärischen.

Gleichwohl erinnert uns der reitende Gallier an einen weiteren Römerschreck: Arminius oder Hermann der Cherusker.

Der lehrte den Adoptivsohn des Egomanen Cäsar, dem Kaiser Augustus aus der Weihnachtsgeschichte, das Grausen und Fürchten. Im Jahre 9 nach Christus zerschlugen seine Germanen 3 römische Legionen, 20.000 Mann, im Teutoburger Wald, oder nach neuester Meinung in den Wäldern um Osnabrück. Sein Denkmal steht hoch auf dem Berge bei Detmold, von Wald umgeben.

Während wir so geschichtsträchtigen Vergleichen nachhängen, ruft ein völlig genervter Fahrer eines Wohnmobils mit schweizer Nummer uns hektisch "Lyon, Lyon" zu. Wir zeigen einfach in Richtung "toutes directions" (alle Richtungen). Das hilft bei Irrfahrten in einer französischen Stadt immer. Wir gehen von Vercingetorix den Boulevard Dessaix hoch, nach Osten, mit Ziel Kathedrale Notre-Dame-de-l´Assomption, geweiht der Himmelfahrt von Maria. Nach 200 m biegen wir nach links in eine Gasse ein, der Rue des Petit-Gras. Wir sind jetzt im alten CLERMONT. Das historische Viertel ist weitgehend eine Fußgängerzone. Wir schlendern weiter an schmalen Häusern, ohne Balkon und ohne irgendwelches Grün vorbei. Romantik ist angesagt. Die Gäßchen sind hübsch herausgeputzt wie niemals zuvor in der 2000jährigen Geschichte. Mittelalter ist romantisch wenn mit moderner Infrastruktur und alter Bausubstanz. Historisch echt würde es jetzt mächtig stinken, und man könnte nur von über Kloaken hüpfen. Vielleicht jagte noch ein wildgeworderner Reiter um die Ecke. Und heute: Der Kunde ist König. Alle buhlen um sein finanzielles Herz. Wir gehen in die Rue des Chaussetiers, die Straße der Strumpfmacher, und gelangen zur Place de la Victoire, dem Siegesplatz. Diesmal geht es um einen Sieg von 1918 gegen die Deutschen.

Vor uns ragt eine Königin der auvergnatischen Kathedralen auf. In schwarzem Lavagestein, hochgotisch: Die Kirche zur Himmelfahrt von Maria. Die hohen, schlank wirkenden Türme wachen gleichsam über CLERMONT-Fd., der Hauptstadt der Auvergne. Kein noch so großer Wolkenkratzer, durchgestylt nach modernster Betonkunst, vermag dem aufblickenden Menschen so nachhaltig sein Zwergendasein zu vermitteln. Solche gewaltigen und feingliedrigen Riesen, diese steingewordene Gottesfurcht der Menschen, sind aber gerade von Zwergen errichtet worden. Über seine Angst macht sich der Mensch mitunter groß, und diese Größe verschafft ihm vermeintliche oder tatsächliche Sicherheit, den Schöpfern eine - begrenzte - Unsterblichkeit. Die Pyramiden lassen grüßen.

Kunsthistorisch stellt eine gotische Kathedrale in der Auvergne eine Rarität dar. Die Spitzbogenbauten waren die große Mode ab dem 12./13. Jahrhundert und fanden ihre

Glanzpunkte im nordfranzösischen und deutschen Raum. Die Italiener kamen auf den Namen dieses Baustiles. Da die Erben der Römer in der Völkerwanderung und während des ganzen Mittelalters germanische Heere und Herrschaften zu erdulden hatten, lehnten sie die Spitzbogenkunst rundweg ab. Im 15. und 16. Jahrhundert besannen sie sich vermehrt ihrer antiken Wurzeln und fanden den Baustil der Franken einfach barbarisch, also gotisch. Denn der Inbegriff der Barbaren waren für die Italiener die Goten, die im 4. und 5. Jahrhundert südlich der Alpen besonders viel für das italienische Langzeitgedächtnis taten. So kam die Gotik zu ihrem Namen, und die gebildeten Menschen ab dem 18. Jahrhundert pflegten und pflegen die ursprünglich als Schimpf gedachte Bezeichnung mit der der Kultur verpflichteten nötigen Inbrunst.

Zurück nach CLERMONT: Da hatte im 13. Jahrhundert ein Herr Hugues de la Tour, Hugo vom Turme, das Bischofsamt inne. Der Hugo war ein politischer Freund des Königs Ludwig IX., des Heiligen. Richtiggelesen, ein Politiker bei Lebzeiten und für die Geschichtsschreiber ein Heiliger. Der heilige König lud eines Tages seinen Hugo aus der Provinz nach PARIS ein. Ludwig ließ sich gerade die Sainte Chapelle, die heilige Kapelle, bauen. Und diese strotzte und tut es noch von Pracht und feingliedriger Gotik. Das war doch etwas anderes als die gefühllosen Brocken der Romanik. So sah es auch Hugo. Er war schlicht hingerissen. Das neue Design machte ihm klar, was er war: ein Provinzler. Sicher lag darin der Zweck der königlichen Einladung. Das lief 1248 ab. Herr Hugo meinte, was der König in Frankreich, ist Hugo in der Auvergne. Er rief seine Clermonteser Leistungs- und Bedenkenträger zusammen und gab kurz bekannt: Die alte (romanische) Kirche muß weg. Wir bauen eine neue (gotische). Hugo beauftragte den Architekten Jean Deschamps, Hans von den Feldern, und der hat für den Rest seiner Tage finanziell ausgesorgt.

Für Hugues de la Tour doch klangen nicht die Glokken der neuen Kathedrale, sondern sein König rief ihn. Zum Kreuzzug!! "Deus lo vult", "Gott will es", jubelte die Menge 1095 wie besessen, als ein Papst Urban II., dessen Statue heute auf dem Siegesplatz steht, damals in CLERMONT zum Krieg gegen die türkischen Seldschuken aufrief, die Jerusalem erobert hatten. Wobei eher die Araber hätten sauer sein müssen. Denn denen gehörte damals Jerusalem. Wie im Fieber stürzte sich dann Europa in die Kreuzzugsabenteuer. Die christliche Bevölkerung im Libanon sind übrigens Nachfahren der Kreuzzügler. Hugo mußte also mit.

Noch 1248 landete das französische Heer in Ägypten. Kein

Clermont-Fd.: Bemalung der Hauswände

halbes Jahr später war der Spuk vorbei. Die Franzosen verloren in einer Schlacht vor Kairo Leben oder Freiheit. Selbst der König geriet in die Hände der Mohammedaner. Auch Hugo traf dieses Los. Ludwig kam gegen ein kräftiges Lösegeld frei, Hugo starb schon 1249 in arabischer Gefangenschaft in Ägypten. Ober er noch als Sklave die Latrine irgendeiner Moschee leeren mußte, das ist nicht bekannt.

An der neuen Kathedrale in CLERMONT wurde bis 1350 gebaut. Dabei entstand das Kuriosum, daß die zwei romanischen Türme noch standen, woran sich die gotische Kathedrale anschloß. Dies blieb so bis in die Mitte des 19. Jahrhunderts. Die Türme bröckelten und wurden nach und nach abgetragen. Der damalige Kaiser der Franzosen, Napoleon III., ein Neffe des großen kleinen Korsen, schickte Steuergelder. Er hatte 1862 die Auvergne besucht und zeigte sich gnädig.

Bis 1884 standen die Gerüste. Napoleon war bereits tot. Die Preußen holten ihn 1870 bei SEDAN aus Frankreich, und die Franzosen wollten ihn nicht mehr haben. Er ging nach England, wo er 1879 starb. Als die Gerüste in CLERMONT abgebaut waren, erstrahlte die Kirche im Glanz der jetzt gotischen Türme. In Ulm und Köln wurden in der damaligen Zeit ebenso die gotischen Kirchen (Münster und Dom) durch den Bau von Türmen vollendet.

Als wir die Türen ansteuern, finden wir sie verschlossen und zwar alle. Wir gehen von der Place de la Victoire auf der Rue des Grands Jours um die Kirche herum. Dabei entdecken wir großflächig bemalte Gebäudemauern. Ursprünglich trostlose Gemäuer täuschen auf angenehme Weise jetzt Fenster, Torbögen etc vor. In VICHY machen wir eine ähnliche Entdeckung. Wir gehen weiter auf der Rue Marcombes und stoßen auf die Place de la Poterne mit einem Renaissancebrunnen, einem der 40 Brunnen der Stadt. Der Baumeister war ein Herr Amboise. So stehen wir vor der Fontaine d´Amboise. Der Name "Poterne = Ausfalltor" macht Sinn. Von hier kann man bei schönem, klaren Wetter weit hinaus bis zu den Monts-Dômes und in die Limagne sehen. Wir haben Zeit. Allerdings auf das gute Wetter jetzt zu warten, wäre doch übertrieben. Wir wandeln weiter in den engen Gassen und genießen im Wechsel den weiten Himmel.

Wir wollen zur Basilika Notre-Dame du Port. Sinnigerweise geht es dorthin über die Rue du Port, der Hafenstraße. Eine Basilika, ursprünglich "Königshalle", ist Romanik pur. Wir erleben sie schon physisch wuchtig, gegenüber den zarten Gebilde der Renaissance fast zyklopenhaft. Die Basilika Notre-Dame du Port entstand im 11. und 12. Jahrhundert. Sie repräsentiert ein Meisterstück der romanischen Auvergne. Vor der Zeitenwende soll hier ein Brunnen gewesen sein, wo die Gallier einen ihrer Götter verehrt haben sollen. Die missionierenden Urchristen und Mönche übernahmen die geistliche Infrastrukur und machten eine Stätte des neuen Glaubens daraus.

Falls man Pascal einen Besuch abstatten will, zurück zur Place de la Poterne. Von dort führt die Rue St. Hérem bergab. Rechts liegt ein Park mit Toiletten. Unweit davon sitzt Pascal im Park. Ein Gelehrter sitzt und denkt. Die Einwohner von CLERMONT errichteten den sitzenden Pascal 1878/80. Sie lassen ihn nachdenklich dreinschauen, fast schon resignierend. Wir schlendern durch die Gäßchen mit den verlockenden Geschäften und bummeln zum Kaufhaus Centre Jaude. Kultur und Konsum, wir genießen beides.

Auf dem Campingplatz von Châtel-Guyon

Tagesfahrt 2

CLERMONT-Fd. – Le MAYET-de-Montagne

Strecke:	CLERMONT-Fd. * RIOM * AIGUE-PERSE * VICHY * ARRONNES * Le MAYET-de-Montagne
Entfernung:	100 km
Besichtigen:	VICHY
Übernachten:	Le MAYET-de-Montagne (Lac des Moines, See der Mönche) Campingplatz

TAGESFAHRT 2

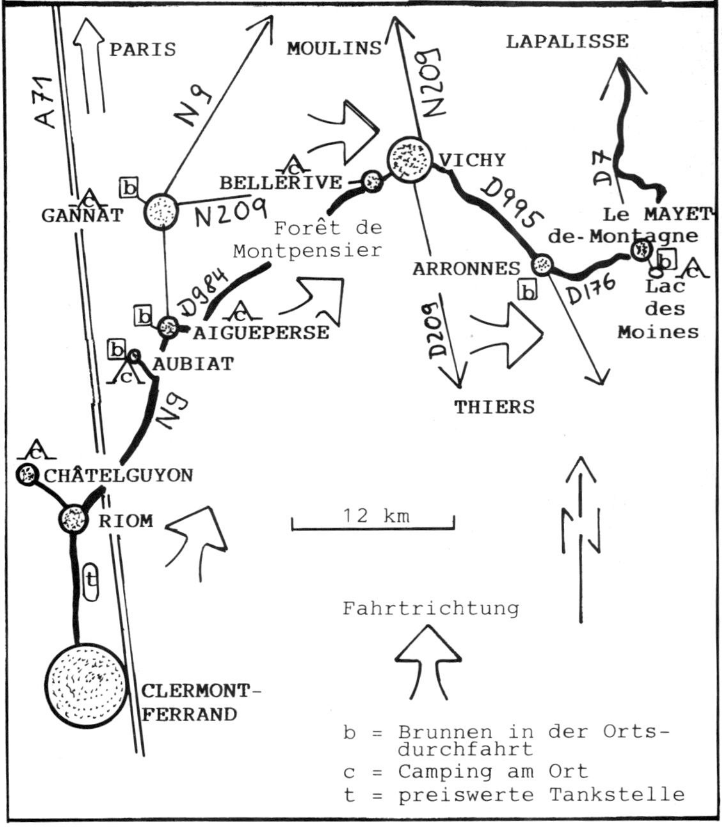

Wir verlassen CLERMONT-Fd. auf der N 9 Richtung AIGUEPERSE, VICHY. Die N 9 durchfährt die Limagne. Sie ist wohl eines der fruchtbarsten Gebiete Frankreichs. Sie erstreckt sich von CLERMONT-Fd. aus rund 90 km nach Norden und ist zwischen 15 km und 40 km breit. Hier gedeihen Weizen, Gerste und Mais. Zuckerrüben, Tabak und Raps werden ebenfalls angebaut. Eine reinste Augenweide sind die zahlreichen Sonnenblumenfelder, der nachwachsende Rohstoff Öl. Während sonst in der Auvergne überall die Kühe herumweiden, Touristen und andere Menschpersonen gelangweilt taxieren, ob Verwandtschaft dabei sein könnte, ist in der Limagne kein Platz für Rindvieh.

Die wellige, fast flache Geländebeschaffenheit hat die Region zu einem Durchgangsgebiet gemacht. Die Römer zogen von Süden nach Norden, die Germanen kamen von Nord-Ost und rückten nach Süden weiter vor. Die französischen Könige dehnten im Mittelalter und Spätmittelalter ihren Herrschaftsraum über die Limagne nach Süden aus. Da keine 200 km östlich Paris, auf halbem Weg zum Rhein, die Macht der französischen Könige durch das mittelalterliche Deutsche Reich gestoppt wurde, drückten die Herrn aus Paris um so nachhaltiger nach Süden.

Da die Bewohner des Südens nicht Französisch, sondern okzitanische Dialekte (s. Artikel Sprache) pflegten, empfanden sie den König von Frankreich als Eroberer. Die Menschen der Limagne und weiter nördlich saßen mitten drin zwischen den beiden Sprachgebieten. Noch heute sehen die Bewohner die Nordfranzosen als Fremde, wenn auch in milderer Form.

In AIGUEPERSE nehmen wir die D 984 nach VICHY. Wir wollen jedoch diesen Ort nicht passieren, ohne zwei Personen aus vergangenen Zeiten zu erwähnen. Die erste ist das Fräulein von Montpensier. Montpensier ist heute ein Teil von AIGUEPERSE. Diese Fräulein läuft sogar unter dem Namen "großes Fräulein" durch die Überlieferung, lebte im 17. Jahrhundert, genau von 1627 bis 1693. Ihr Vater war der Bruder des französischen Königs Ludwig XIII. Die Herren der großen Politik waren damals Ludwig XIV., Sonnenkönig von Frankreich, gigantischer Schuldenmacher und Bauherr von Versailles, der Kaiser des Heiligen Römischen Reiches deutscher Nation Ferdinand III. und der spanische König Philipp IV. Alle diese Herren waren auf der Heiratswunschliste des Fräuleins von Montpensier. Es tat sich aber nichts. Als sie schließlich 51 Jahre alt wurde, dämmerte ihr, daß sich nicht mehr viel tun würde. Sie griff zu. Kein König war im Angebot. Sie ehelichte einen schönen aber windigen Höfling Ludwigs XIV. Der Höfling führte den Titel eines Herzogs und war 6 Jahre jünger als sie. Was daraus geworden ist, wissen wir nicht.

Unsere zweite Person ist für seine Liebe böse umgekommen. Die Sprache ist von Hauptmann d´Aubiac, Liebhaber der Margarete von Valois, Ehefrau Heinrichs von Navarra. Heinrich wurde 1589 als Heinrich IV. König von Frankreich. Sein Spruch und seine Ansicht "Paris ist eine Messe wert" verhalfen ihm zur französischen Königskrone. Er war Protestant in dem von Religionskriegen zerfressenen Frankreich. Die katholische Partei signalisierte ihm, daß sie ihn als König akzeptieren könnte, wenn er zum katholischen Glauben übertreten würde. Das tat er. Als König machte er in Sozialpolitik, wenigstens verbal. Jeder Bauer, so verkündete Heinrich, solle am Sonntag ein Huhn in seinem Kochtopf haben. Unsere Geschichte hat weniger einen sozialen Charakter.

Sie spielte schon 1582. Heinrich hatte seine Ehefrau nach St. SATURNIN geschickt, 15 km südlich von CLERMONT. Die Herrschaften lebten getrennt. Und so bekam der Hauptmann seine Aufgabe.

Ihr schöner Athis, wie ihn Margarete nannte, wurde jedoch auf Befehl Heinrichs gefangengenommen. Ein werdender König hat ja seinen Stolz. Der Herr Offizier im Dienste ihrer Majestät sollte unter Bewachung weggeführt werden. Bereits in AIGUEPERSE hängten ihn seine Bewacher mit den Füßen an einen Galgen, gruben ein Loch unter seinen Kopf und senkten denselben in die ausgehobene Grube. Die Grube wurde zugeschüttet. Die damals 29jährige Margarete verfaßte in ihrem Schmerz ein inniges Gedicht, indem sie ihm ewige Liebe gelobte. Sie lebte noch 33 Jahre. Heinrich IV. hatte sie 1599 endgültig verstoßen. Margarete von Valois überlebte ihren Ex-Heinrich um 5 Jahre. Er fiel einem Attentat zum Opfer, auch ein Trost.

Weiter auf der D 984! 10 km nach AIGUEPERSE fahren wir durch den Wald von Montpensier. Er hat mal dem Geschlecht des großen Fräuleins gehört. Wir überqueren den Fluß Allier, nach dem dieses Département benannt ist. Die Brücke ist mit den Farben europäischer Staaten beflaggt. Kein Nationalfeiertag, das ist jeden Tag so. Denn wir betreten VICHY, die weltberühmte Kurstadt. Die Fahrt geht in das Zentrum. Es ist Sonntagmittag, und so gibt es keine Parkprobleme. Da VICHY uns nicht allzu klein erscheint, schreiben wir uns die Straße und die nächste Kreuzung auf, wo wir unser Fahrzeug wiederzufinden hoffen. Sicher ist sicher. Bekannte haben einmal in CHAMBÉRY munter geparkt, sind frohgemut herumflaniert

Vichy: Eingang zum Park der Quellen

und freuten sich an der hübschen Innenstadt. Die Zeit der Rückfahrt in die Umgebung nahte. Man ging ohne falsche Bescheidenheit in die vermutete Richtung des Parkplatzes. Die Suche führte zu ausgedehnten Spaziergängen und Kreisbewegungen. Schließlich mußte die Polizei helfen, die - sehr entgegenkommend - die beiden in ihr Dienstfahrzeug einlud und alle den Beschreibungen nahekommenden Parkplätze abfuhr. Hurra, das gute Stück stand noch da, sogar ohne Strafzettel für die Parkzeitüberschreitung.

VICHY ist keine Stadt wie jede andere. Der erste Eindruck erinnert zunächst an eine Mottenkiste. Es gibt mancherlei Position, zu VICHY zu stehen. Kurstadt mit heute 20.000 Kurgästen pro Jahr. VICHY, die grüne Stadt. Nicht weniger als 550 Hektar Grünfläche werden für den Gast aufgeboten. Das sind fast 740 Fußballfelder. Umgerechnet auf die Aufenthaltsdauer des einzelnen Kurgastes von 4 Wochen kommt auf jeden ein halbes Fußballfeld Grünfläche.

VICHY, Kultur- und Freizeitstadt. Theater, Oper, Dichterfestival, Pferderennbahn, Casino, Tanz, Kurschattenparketts,

Vichy: Spielcasino

Restaurants, Golfplatz, Yachtclub, etc, VICHY sieht sich als Treffpunkt Europas. Möglich, heute trifft sich ja alles überall. Treffpunkt der Geschichte bestimmt.

Schon die allerorts bemühten Römer .... und noch früher die Gallier kamen an diesen Ort und zu seinen Heilquellen. Ab dem 17. Jahrhundert gelangen die Heilquellen zu gesellschaftlicher Reputation. Die Reichen und Mächtigen des französischen Königreiches reisen - noch mühselig - von PARIS und VERSAILLES nach VICHY. Der Wunsch nach Gesundheit, ewiger oder befristet wiederkehrender Jugend, nach gesellschaftlicher Anerkennung oder Selbstdarstellung sind die Ursachen. VICHY war in Europa kein Sonderfall. KARLSBAD, BADEN-BADEN stehen in derselben Reihe.

Der große Gönner wurde im 19. Jahrhundert unser alter Bekannter Napoleon III. Er sorgte für den Bahnanschluß und durch häufige Kuraufenthalte - Spötter meinen, sein Privatleben machte diese nötig - für den Aufstieg zur “Königin der Kurorte”. Daß die Politik nicht nur Glanz und Glorie bereithalten kann, erfuhr VICHY 1940.

Marschall Pétain, Verteidiger von VERDUN im ersten Weltkrieg und Stolz des rechten Frankreichs, übernahm im Mai 1940 die Regierungsgewalt. Die Deutsche Wehrmacht hatte die französische Armee zerschlagen und das britische Expeditionskorps vom Festland vertrieben. Pétain hielt nichts von den britischen Durchhalteparolen, da er gegen die Deutschen ohne jede Unterstützung von außen stand. Sein Motto “lieber eine Naziprovinz als britische Kolonie” ließ ihn den Waffenstillstand von COMPIEGNE nördlich von Paris schließen. Nordfrankreich und die Atlantikküste kamen unter deutsche Besatzung, Südfrankreich blieb bis 1942 unbesetzt. Die Demarkationslinie verlief teils längs der Loire. Im Süden ließen die Deutschen eine französische Regierung zu. Pétain zog sich mit seinem Kabinett und den Ministerien in das ruhige und gesellschaftlich attraktive VICHY zurück. Man gönnte sich ja sonst nichts. Bis 1944 blieb VICHY Regierungssitz. Die Regierung Pétain bekam nach dem Krieg die Bezeichnung VICHY-Regime angeklebt. Pétain setzte sich mit seiner Mannschaft und seinem "Hofstaat" 1944 nach Sigmaringen, in der Nähe des Bodensees, ab. Dort "regierte" er noch als "Gast des Führers" bis kurz vor Kriegsende. Seine Franzosen brachten damals einen großzügigeren Lebensstil in die oberschwäbische Kleinstadt Sigmaringen. Diesem savoir vivre sollen einzelne Schönheiten des Ortes zeitweilig nicht folgenlos erlegen sein.

Pétain ging in die Schweiz, stellte sich aber der neuen französischen Regierung, seinen erbitterten Gegnern um General de Gaulle. Die Franzosen waren während des Krieges heftig gespalten. Als die Amerikaner Frankreich befreiten, starben bei innerfranzösischen Auseinandersetzungen in den Wirren von 1944/45 mehr Franzosen als während der als blutig geltenden Revolution von 1789. Pétain wurde zunächst zum Tode verurteilt, dann begnadigt und auf die Insel Yeu vor der französischen Atlantikküste verbannt. Dort starb er 1951 im Alter von 95(!) Jahren.

Die Diskussion um die Bewertung dieser Zeit ist in Frankreich noch nicht abgeschlossen und recht heikel.

Äußerlich spüren wir beim Rundgang nichts von dieser Vergangenheit. Während sonst die Franzosen die Befreiung Frankreichs 1944 an jeder Ecke mit Tafeln und Gedenksteinen dokumentieren, gibt es von dem politischen VICHY nichts, rein gar nichts zu sehen. Die Geschichte zum Anfassen ist die Zeit der Belle Epoque, der gesellschaftlichen Gloire. VICHY ist fast ein Freilandmuseum dieser Epoche.

Versetzen wir uns zurück in diese Gloire für Wenige. An der Seite promeniert vielleicht Frau Gräfin und regt sich furchtbar auf, weil das Zimmermädchen den gräflichen Adelstitel ständig in dem kaum erträglichen, bäuerlichen Akzent der Umgebung sansculottenhaft verunstaltet. Nein, wie dégoûtant! Wir vermitteln Verständnis mit gehauchtem Entsetzen und sehen vermehrt darin Ursachen für den fortschreitenden Verfall irdischer Kultur.

Die Promenade führt uns durch den Quellenpark, den parc des sources. Wir vergessen die Gräfin und unsere Phantasie und staunen über die Atmosphäre in der traditionsträchtigen

Trink(er)halle. Jeder Bahnhof macht da mehr heraus. Die Leute laufen alle mit kleinen Gläschen herum. Der große Durst ist mit dem Heilwasser wohl nicht verbunden. Man stelle sich vor, auf dem Cannstatter Volks-fest oder im Münchner Hofbräuhaus würde das Hausgetränk in solch kleinen Gläschen verabreicht. In der Heilwasserhalle fehlt alles, was irgendwie zum Verbleiben anregt, wenn man von den Toiletten im Untergeschoß mal absieht. Karge Bänke stehen rum.

Von mitreißender Blasmusik ist keine Rede. Das Personal ist allerdings sehr freundlich. Das ist ein weiterer Unterschied zum Volksfest. Vielleicht könnte man die beiden Trinkerstätten mal versuchsweise zusammenlegen. Noch eine Bemerkung der Klatschtante und Dauerbriefschreiberin Mme de Sévigny, Gräfin am Hofe Ludwigs XIV. in Versailles aus dem 17. Jahrhundert. Die Wässerchen seien vielleicht gesund, aber sie schmeckten "abscheulich, nach Salpeter", meinte die Dame vom Hofe. Doch in VICHY mußte sie trotzdem gewesen sein.

Der Kiesweg im Park ist gefegt. Die großen, alten Bäume geben der Anlage ein prachtvoll grünes Dachgewölbe. Großzügig mit wehender Trikolore erhebt sich das Casino als räumliches und inhaltliches Gegenstück zur Trinkhalle. Wenn wir nur ein Promille davon hätten, was da seit Napoleon dem Verblichenen verspielt worden ist. Ein Lotto-Hauptgewinn wäre wohl nur ein Trinkgeld dagegen. Wir gehen zum Ufer des Allier, der nächsten grünen Prachtpromenade. Das ist das modernere VICHY.

Nach einer kleine Stärkung fahren wir weiter in Richtung CUSSET auf der N 209 und weiter nach ARRONNES auf der D 995. Die Straße und wir begleiten das Flüßchen Sichon, das uns durch ein hübsches, etwas einsames Tal führt. Die Berge und Felsen zu unseren Seiten gehören zu der Montagne Bourbonnaise, der Berg- und Waldlandschaft des Bourbon, in die wir jetzt einfahren. Diese Landschaft gab ihren Namen dem im Mittelalter zu Königswürden gekommenen Geschlecht der Bourbonen. Ein Abkömmling sitzt heute auf dem spanischen Thron.

Lassen wir nach soviel Geschichte das waldbewehrte Tal auf uns wirken. Der Wanderer durch Wald und Fels soll hierzulande Enzian, wilde Erdbeeren, Arnika, Farnkräuter, Ginster, Blaubeere und Heidekraut finden können. Ringeltauben, Zaunkönige, Marder grüßen und entzücken den kundigen Naturfreund. Das ist schon etwas anderes als die ewigen Rindviecher fast überall in der Auvergne. Die Gastronomie bietet als Spezialität Wurstwaren, den caprin (einen Ziegenkäse), Holzfeuerbrot, Blaubeerenmarmelade, Nußöl etc. Wir

Vichy: Französische Revolution als Wandmalerei

spüren, die nähere Umgebung des ehemals mondänen VICHY möchte sich deutlich absetzen und gewinnt und gewann für die Kurgäste und Heilwässerchen-Opfer so erst recht an Attraktivität.

In ARRONNES verlassen wir den Sichon Richtung le MAYET-de-Montagne auf der D 176.

Le MAYET-de-Montagne empfindet sich als “Hauptstadt” der bourbonischen Berg- und Waldlandschaft. Le MAYET beherbergt ein Handwerksmuseum, das Maison des Amis de la Montagne Bourbonnaise, das kostenlos zu besichtigen ist.

Mit seinen knapp 2.000 Einwohnern ist Le MAYET ein freundliches, ländliches Kleinstädtchen. Die Gemeinde hat am Lac des Moines, dem See der Mönche, einen Campingplatz mit 30 Stellplätzen und sehr zivilen Preisen eingerichtet.

Auf dem Camping treffen wir auf drei Jungs aus Deutschland, die mit Zug und Anhalter die Auvergne kennenlernen wollen. Steffen, ein Skateboardkünstler und dem gameboy verfallen, Jens und Matthias stammen aus einer schwäbischen Kleinstadt und stolpern sich durch die französische Sprache. Dabei lästern sie gnadenlos über ihren Französischlehrer. Doch nicht nur. Eine heimische Tennisschönheit namens Claudia muß es ihnen angetan haben. Dann wurden noch ein Daniel, Markus, der Klaus, die Svenia, eine Katrin, Ralf, Steffen und Salvatore so richtig heimatverbunden durchgelästert, wenn ich es richtig mitbekommen habe. Matthias gibt zu erkennen, daß seine und Salvatores Sammelleidenschaft vorzüglich auf die Sterne eines größeren Autoproduzenten gerichtet sind. Der Lehrerparkplatz sei hierfür nicht ohne Anreiz. Wobei als gesellschaftliche Anerkennung bislang Rektoratsarrest angefallen sei. Nun denn. Die übrige Campingbevölkerung sind hauptsächlich Franzosen aus der näheren und weiteren Umgebung. Da bleibt der Kontakt sehr oberflächlich. Doch auch wir wollen unsere Ruhe, und ich bekomme den Auftrag, einzukaufen.

In Le MAYET stehe ich kurz darauf in einem Lebensmittelgeschäft ziemlich zögerlich vor ein paar verlorenen Salatköpfen herum. Eigentlich darauf gefaßt, mit diesen vorlieb nehmen zu müssen, überrascht mich die Verkäuferin. Sie bedeutet mir in einem klaren Ausländerfranzösisch, zu warten und holt aus dem Lager oder von sonstwo ein prächtiges Stück Salatkopf. In diesem Geschäft finde ich noch einen "Spiegel" der laufenden Woche. Ich fühle mich wie ein Besucher und nicht als Teil der touristischen Heuschreckenschwärme behandelt. Das ist nicht einmalig in der Auvergne, sondern eine ständig sich wiederholende Erfahrung.

Sanfter Tourismus mit sanften Touristen, ein Erfolgsrezept der Auvergne.

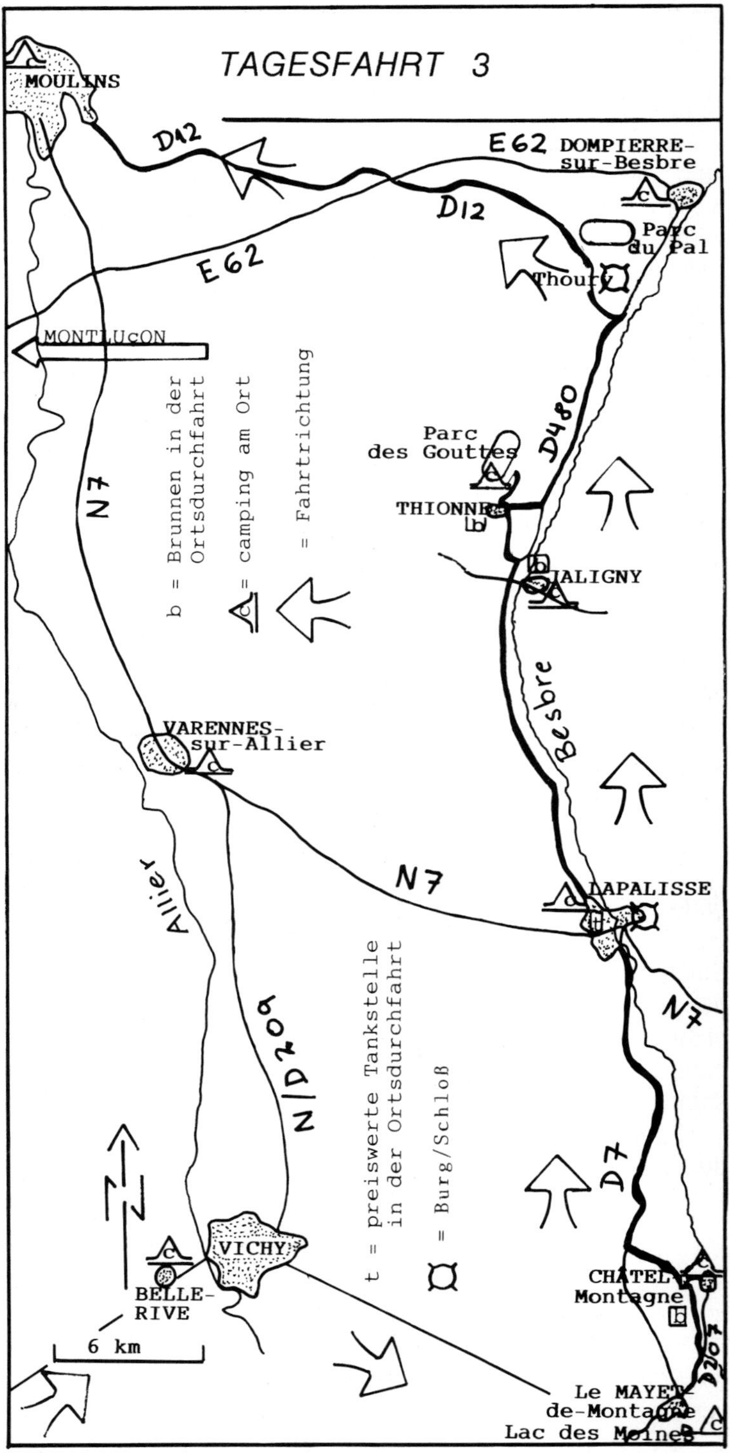
TAGESFAHRT 3
MOULINS
D12
E62
DOMPIERRE-sur-Besbre
Parc du Pal
Thoury
E62
MONTLUçON
D480
Parc des Gouttes
THIONNE
JALIGNY
N7
b = Brunnen in der Ortsdurchfahrt
= camping am Ort
= Fahrtrichtung
Besbre
VARENNES-sur-Allier
N7
Allier
LAPALISSE
N7
N/D209
t = preiswerte Tankstelle in der Ortsdurchfahrt
= Burg/Schloß
D7
CHÂTEL-Montagne
VICHY
BELLE-RIVE
6 km
D207
Le MAYET-de-Montagne
Lac des Moines

Tagesfahrt 3

Le MAYET-de-Montagne – MOULINS

Strecke:	Le MAYET-de-Montagne * LAPALISSE * JALIGNY-sur-Besbre * MOULINS
Entfernung:	130 km
Besichtigen:	CHATEL-Montagne (Kathedrale), LAPALISSE Schloß, parc des gouttes (Freizeitpark), Thoury (Burg)Le Pal (Freizeitpark), MOULINS
Übernachten:	MOULINS Campingplatz am Allier

Erschrecken Sie nicht, wenn Sie bei Ihrer Tagesplanung den obenstehenden Besichtigungskatalog ansehen. Mut zur Lücke! Dieses Programm liegt am Weg und ist sehr unterschiedlich. Allein für einen Freizeitpark braucht man einen Nachmittag und Geld!!

Wir starten nach CHATEL-Montagne auf der D 207. Unsere bourbonischen Berge, deren Täler die Portes Occitanes genannt werden, die Tore zur okzitanischen Welt, begleiten uns weiter. CHATEL-Montagne ist ein winziges Dorf. Gerade 400 Einwohner und kaum größer als die Place de la Concorde in Paris. Hier aber thront über dem Tal der Besbre eine Kathredale von biblischer Schönheit, mit der ganzen Phantasie, die dieser Vergleich hervorruft. Bei Anblick dieses Gotteshauses, meint ein in der Nähe stehender Franzose, könne er fromm werden.

Die Wirkung der Prinzessin der romanischen Auvergne läßt nicht auf sich warten. Verbunden mit dem weiten Blick in die Tal- und Berglandschaft fühlt man sich daran erinnert, daß es mehr gibt als so manche diesseitigen Wichtigkeiten. Das Bauwerk stammt aus dem 12. Jahrhundert. Gewaltig und streng machen sich die dicken Mauern und kleinen Rundbogenfenster. Die Proportionen stimmen. Die Bogenreihen sind bescheiden und genau ausgeführt. Der Granit ist zur Kathedrale geworden, und die Kathedrale zu Granit. Kenner der Baukunst geben Hinweise auf burgundische Einflüsse. Den Be-

Châtel-Montagne: Eine Königin der Romanik

trachter läßt dies ziemlich unberührt. Kein Mensch nimmt an, daß ein kleines Dorf so eine Kirche hinstellen kann und der Dorfarchitekt, sonst in Kuhställen und Hütten geübt, plötzlich auf so einen Prachtbau umschalten kann. Die Kirche war und ist eine weltweite, im Mittelalter europaweite Organisation. Wenn bei uns in Deutschland eine Kleinstadt ihr Rathaus bauen läßt, so kommt der Architekt bestimmt aus 300 km Entfernung, mindestens, und hat schon vieles in der Art gebaut. So ist es auch im Mittelalter. Eine solche romanische Kathedrale ist das Werk einer ganzen Region mit den Ideen und dem know how eines halben Kontinents. Das bedeutet, jede romanische Kathedrale hat eine später gebaute beeinflußt.

Unser Weg geht weiter nach LAPALISSE auf der D 25. Das Wetter regnet vor sich hin und läßt CHATEL-Montagne in eine mittelprächtigen Untergangsstimmung zurück. Dort wo´s Dörflein traut zu Ende geht, schauen wir noch einmal auf zur Kathedrale. Dann sehen wir im Vorbeifahren den Campingplatz der Gemeinde mit Blick zur Romanik hinauf und ins Tal hinab. Die D 25 übergibt uns rasch an die D 7. In LAPALISSE können wir ein größeres Schloß bewundern.

Falls man Zeit hat und des Abends gerade hier zu Gange ist, gibt es die Möglichkeit, an einer Veranstaltung "Son et Lumière" teilzunehmen.(Am Schloß oder im Verkehrsamt den Termin erfragen). Das ist eine alte Liebhaberei der Franzosen. Sie halten es mitunter für einen Beinahe-Höhepunkt der abendländischen Kultur. Einführungs-Wortführer zu modernen Vernissagen könnten noch davon lernen. Nun, was läuft da? Wenn die Sonne sich neigt, die außerirdischen Sterne am

Firmament aufziehen, und der Mond sein kaltes Leasing-Licht in die fahle Erde taucht, dann strahlen Scheinwerfer. Sie strahlen in wechselnden Farben und Perspektiven auf alte Gemäuer oder, am Atlantik, auf wogende, wallende Wellen. Die Stimme des örtlichen Verkehrsdirektors oder einer vergleichbaren Amtsperson, vielleicht eines Schauspielers, spricht kulturschwanger Verse aus der Dichtung einer französischen Geistesgröße, die man dazu noch kennen sollte. Untermalt werden die gesprochenen Literaturprodukte mit bedeutungsvoller Musik vom Band. Keine Sorge, wenn es nicht regnet und der Abend angenehm warm ist, dann gefällt einem das schon. Da man nicht alles wie bei Tage sieht, wirken die Gemäuer fast geheimnisvoll und faszinierend.

LAPALISSE hat eine belebte und häßliche Hauptstraße. Uns hält es nicht lange. Wir tanken preiswert. Der Tankwart ist freundlich, wir sind in der Auvergne. Jeder einzelne Auvergnate im Dienstleistungsbereich bastelt am wirtschaftlichen Glück durch den Touristen mit. Doch sind die Einwohner auch sonst bescheiden und freundlich. Wobei ein Urteil über die Menschen einer ganzen Region natürlich völlig subjektiv ist. Die Weiterfahrt führt über die D 480 nach JALIGNY-sur-Besbre. Sie sehen jetzt am Straßenrand den parc des gouttes ausgeschildert. Das ist ein gewerblicher Freizeitpark. Auf insgesamt 250 Hektar ist ein Tierpark mit über 300 Tieren und ein Gelände mit 10 kleinen Seen für Wassersport aller Art angelegt. Innerhalb des Parkes ist ein Camping- und Picknickbereich. Wald, Wiese und Wege, alles im Park. Der Eintritt beträgt 1991 FF 60 pro Tag und Erwachsener und Kinder bis 13 Jahre FF 40. Bei einer Übernachtung heißt das zwei Tage. Camping ist in diesem Preis eingeschlossen. Falls jemand eine Woche bleiben will, wird es relativ billiger: Erwachsene FF 220 und Kinder bis 13 Jahre FF 120.-. Man kann über solche Parks geteilter Meinung sein. Falls von Interesse, hier die Anschrift: Les Gouttes-THIONNE, F 03220 JALIGNY (Anfragen auf deutsch).

Zurück auf die D 480 nach Norden Richtung DOMPIERRE. Nach 12 km haben wir eine Abzweigung nach links, die D 296 nach St. POURÇAIN. Auf der Gemarkung von St. POURÇAIN liegt die Burg Thoury. Und die schauen wir uns an, wenigstens von außen. Eine Festung wie im berühmten Bilderbuch. Wenn ein alter Rittersmann nichts im Leben gehabt hätte als so eine Burg, er wäre seinem Schöpfer dankbar gewesen. Vielleicht als Ergänzung eine schmucke Burgfrau, Herz, was wollte er mehr, der Herr Ritter. Wir wären nicht überrascht, sprengten zwei kühne Recken aus dem Burgtor, die Lanzen nach oben, Winkel 45 Grad, das Visier halb geöffnet und unterm Arm das

sich für ihre Oberbekleidung etwas Originelles einfallen. Heute würde man/Mann vielleicht sagen “Oben ohne Halbe”. Während die übrigen Damen bei Hofe mehr oder weniger tief dekolletiert herumliefen und so Einheitslook vermittelten, zeigte sich Agnès anders. Das wohl ursprünglich brave auvergnatische Kleinadelskind ließ einen Busen frei, den andern sittsam bedeckt. Welcher frei und welcher bedeckt war, oder ob sie wechselte, da müßte(n) noch eine (oder mehrere) Doktorarbeit(en) geschrieben werden, um das wissenschaftlich sicher herauszufinden. Die vorliegenden Bildzeugnisse sind nicht eindeutig. Bei den ersten königlichen Annäherungsversuchen soll Agnès sehr verschreckt gewirkt haben. Gekonnt ist gekonnt. Karl setzte seine augenblickliche Geliebte an die Luft. Die Königin soll sich nach anfänglichem Toben auf Anraten ihrer Mutter mit Agnès arrangiert haben.

Agnès bekam ein kleines Schlößchen an der Marne. Der Namen des Anwesens “Beauté-sur-Marne”. So wurde sie eine “Agnès von Schönheit an der Marne”. Agnès bekam 4 Töchter aus ihrer Liebe zu Karl. Manche meinen, eine soll nichtköniglich gewesen sein. Sie hat aber nicht nur in das Seelenleben des König eingegriffen, sondern auch in seine - bislang - schlaffe Kriegsführung.

Ihr paßte es ganz und gar nicht, daß die Engländer recht ungestört auf französischem Boden herummarschierten. So erzählte sie ihrem Karl recht unvermittelt, was Frau unter Mann versteht bzw. verstand. Ein Astrologe habe ihr früher prophezeit, daß sie einst von einem der mutigsten Könige geliebt werden würde. Lange hätte sie gedacht, dieser Held sei Karl. Aber jetzt bemerke sie, daß er feige sei. Sein Gegner jedoch, der König von England, der sei mutig und nehme ihm das halbe Königreich weg. Den muß der Astrologe gemeint haben. Und sie, Agnès, gehe nun zum König von England. Legende oder Wahrheit? Die Zeit der Softies und töpfernden Männergruppen war noch nicht angebrochen. Karl zeigte Wirkung. Er marschierte schnurstracks in die Normandie und schlug die Briten so, daß sie den Kontinent bis auf ein paar Inselchen im Kanal verlassen mußten. Der Erfolg hat Väter und Mütter.

Als Karl VII. in der Normandie Krieg führte, machte der Kronprinz zu Hause in CHINON seiner Meinung Luft und verpaßte der schönen Agnès eine Ohrfeige. Agnès ging nach LOCHES bei TOURS, wo sie 1450 im Alter von 28 Jahren an den Folgen der Geburt ihrer vierten Tochter starb. Dort liegt sie begraben. Nach ihrem Tode blieb Karl VII., jetzt der Siegreiche, nicht allzulange traurig. Er kümmerte sich um eine andere hübsche junge Dame. Sie war die Kusine von Agnès.

Thoury ist alle Tage zu besichtigen: 10-12 Uhr und 14-18

Uhr. Eintritt FF 20.-. Unser Weg führt zum Freizeitpark Le Pal. Der Park ist - wie es sich für ein gewerbliches Unternehmen gehört - bei der Burg Thoury ordentlich ausgeschildert.

Le Pal ist wie Les Gouttes gegen ordentlich Bares zu besuchen. Die Preise betragen 1991 FF 70 .-, für Kinder bis 10 Jahre FF 45.-.Kreditkarten werden akzeptiert. Das Angebot erstreckt sich über Elefanten, Giraffen, Löwen, Kamele, Bären usw. Der Park ist vor allem Ziel von Bussen. Jugendgruppen der Ferienkolonien und Großeltern mit Enkelkindern sind stark vertreten. Am Parkplatz wurde gespart. Der ist zwar groß aber eine ziemliche Rumpellandschaft. Die Reihen sind mit Stacheldraht markiert. Um den Park zu besuchen, sind mehrere Stunden nötig.

Weiter nach MOULINS. Wir fahren nach Wegweiser und kommen bald auf die N 79. Das ist eine Schnellstraße, so daß wir rasch in MOULINS eintreffen. MOULINS hat einen Gemeindecampingplatz am Ufer des Allier eingerichtet.

Die Stadt ist Verwaltungssitz des Département Allier. Gegen die Präfektur richten sich hin und wieder Demonstrationen. Landwirte gehen in Frankreich besonders "rücksichtsvoll" vor. Im Juli 91 kippten sie große Mengen Heu und Mist vor der Präfektur ab. Im Vergleich zu anderen Bauerndemos war das allerdings harmlos.

Der Name MOULINS kommt ohne Überraschung von Mühlen. Es sei an Moulin rouge in Paris erinnert. Doch dort wird schon länger kein Mehl mehr gemahlen. In MOULINS sind Mühlen auf Schiffen auf dem Allier installiert gewesen. Heute zählt MOULINS 46.000 Einwohner mit Agglomeration (Umgebung). Die Stadt entstand im 10. Jahrhundert. Am Anfang war die Liebe eines Grafen zu einer schönen Müllerstochter im Spiel. Er soll, um ihr nahe sein zu können, eine Burg gebaut haben. Um diese Burg soll sich dann die Stadt entwickelt haben. Tatsächlich gibt es eine Burgruine in MOULINS, aber diese wurde erst im 14. Jahrhundert von den Herzögen von Bourbon errichtet.

In MOULINS kann man einen Rundgang bei der place d´Allier starten. Der Platz ist beim centre commercial, den Hallen von MOULINS. Dort sind zahlreiche Lebensmittelstände. Rings um den modern und geschmackvoll hergerichteten Platz sehen wir Cafés und Restaurants. Eine Schautafel begrüßt die Gäste auf französisch, deutsch und englisch. Die Besucher aus Bad Vilbel/Hessen, der Partnerstadt, werden gesondert willkommen geheißen. Hauptstadt des Bourbonnais

Moulins: Sacré-Cœur

zu sein, das ist die nördliche Auvergne, verpflichtet.

Wir gehen an der Säule mit Springbrunnen vorbei, die den Platz beschließt. Hinter der Säule geht es in die Rue d´Allier. Hier beginnt erkennbar das alte MOULINS. Der ganze Bereich ist Fußgängerzone. Dank französischer Auslegung kann aber dennoch ein Auto kommen. Nach 200 Meter biegen wir nach links in die Rue de l´Horloge ein, der Straße der Turmuhr. Gemeint ist die große Uhr am Turm Jacquemart. Der Jacquemart ist das Wahrzeichen der Stadt. Der Turm im Mittelalter und in der Neuzeit als Symbol der städtischen Freiheiten. Heute wird der Glockenschlag von einer Türmerfamilie betätigt. Der

Glöckner soll beim Uhrenschlag in napoleonischer Grenadiersuniform danebenstehen.

Im Anschluß an den Turm erhebt sich die Kathedrale Notre-Dame. Die Kirche stammt aus dem 15./16. Jahrhundert und ist im gotischen Stil erbaut. Teile des Schiffes kamen erst 1860 hinzu. Ihre Fenster genießen künstlerischen Ruf. Die Ecken um den Turm sind recht anheimelnd.

Wir trinken einen Café und ziehen uns an den Allier auf den Campingplatz zurück.

Der Jacquemart, das Wahrzeichen von Moulins

TAGESFAHRT 4

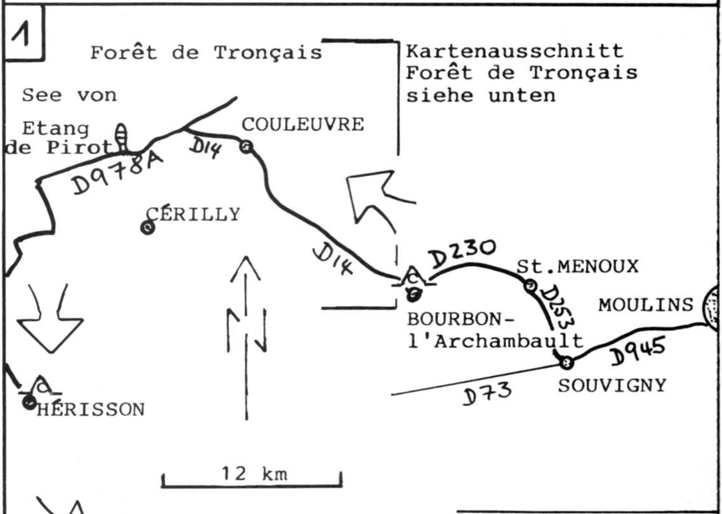

= Fahrtrichtung = Waldgrenze

b = Brunnen in der Ortsdurchfahrt

p = Picknickplatz c = Camping s = Badestrand

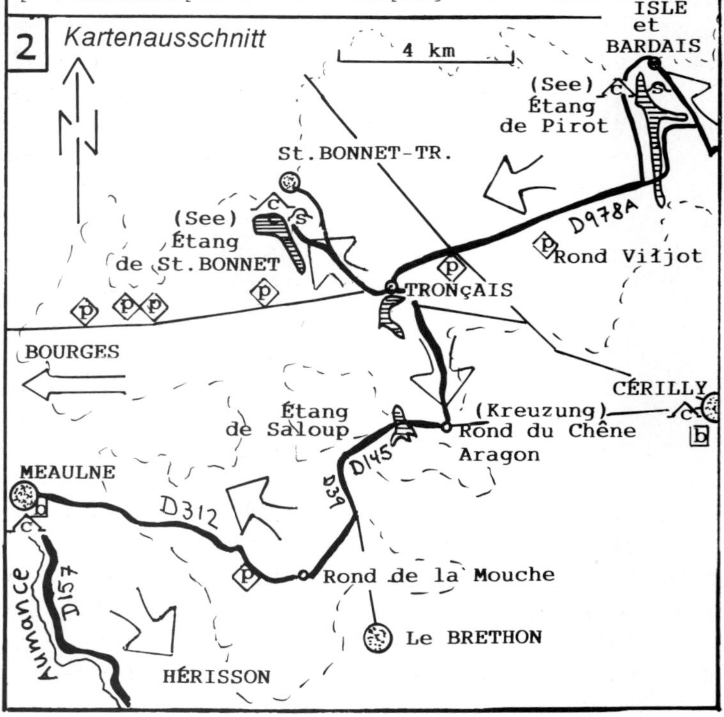

Tagesfahrt 4

MOULINS – HERISSON

Strecke:	SOUVIGNY * St.MENOUX * BOURBON-l´Archambault * CERILLY * Forêt de TRONÇAIS * MEULNE * HERISSON
Entfernung:	110 km
Besichtigen:	Wald von TRONÇAIS
Übernachten:	HERISSON Campingplatz an der Aumance

Bei schönem und heißem Wetter verlassen wir MOULINS über die Brücke über den Allier und nehmen die D 945 Richtung SOUVIGNY/MONTLUÇON. Die Landschaft ist nicht sonderlich abwechslungsreich, keine gewaltigen Berge, keine furchterregenden Schluchten, keine feuerspeiende Vulkane. Wir erleben eine sanfte, angenehme Hügellandschaft, die einen gepflegten Eindruck macht. Die Queune, ein Nebenfluß des Allier, fließt träge links der Straße, in Baumreihen eingebettet. Der Allier mündet nördlich von NEVERS in die Loire, und die fließt bei St. NAZAIRE in den Atlantik.

Unsere Reisegeschwindigkeit beträgt 50 - 70 km/h. Das ist dem kurvigen Sträßchen angemessen. Wir fahren nach SOUVIGNY hinein. Und jetzt aufpassen: 200 m nach der Ortseinfahrt biegen wir bei der ersten Kreuzung rechts ab. In unserer Richtung ist der nächste Ort BOURBON-l´Archambault nicht ausgeschildert. Dies geschieht aus Gründen der Verkehrsleitung, die um den Ort herumführen soll. An der Kreuzung ist ein Wegweiser "musée" angebracht. Das ist unsere Richtung. Nach weiteren 200 m haben wir rechts ein prachtvolle Kirche. Davor ist ein Parkplatz. Die Kirche war Teil eines Klosterkomplexes der Benediktiner. Sie gilt als ein Juwel des Bourbonnais (das entspricht ungefähr dem Département Allier). Die Kirche wurde im 11. Jahrhundert im romanischen Stil begonnen und im 15. Jahrhundert gotisch vollendet. Sie ist der Abwechslung halber St. Peter geweiht. Im Innern finden wir die Grabstätten der ersten Bourbonenherzöge. Im musée lapidaire, dem Steinmuseum steht eine achteckige Steinsäule, in die ein Kalender in Tierkreiszeichen eingemeißelt ist. Uns hat vor allem die Kühle in der Kirche sehr gut getan.

Weiter nach St. MENOUX, BOURBON-l´Archambault auf der D 253. Die D 253 erfüllt alle Erwartungen, die man früher an eine Départementstraße geknüpft hatte. Sie ist holprig, kurvig, Rollsplit, schmal und wenig belebt. Hecken begrenzen ab und zu die Sicht, dann wieder Sonnenblumenfelder soweit das Auge reicht. Alte Bauernhöfe säumen die Straße. Sie werden offenbar noch bewirtschaftet. Von weitem sehen wir den Kirchturm von St.MENOUX. Die Informationstafel am Ortsrand teilt uns mit, daß die romanische Kirche aus dem 12. Jahrhundert herrührt. Da herrschte im Deutschen Reich der Kaiser Friedrich Barbarossa. St. MENOUX ist um die Hauptstraße herum gebaut. Wie überall in der wirtschaftlich schwachen Auvergne sind die kleineren Gemeinden darauf aus, sich dem Durchreisenden möglichst attraktiv zu zeigen. Wir fahren auf der D 953 über das Flüßchen Ours, den Bären. Der Bär mündet in die Burge, die wir bei BOURBON-l´Archambault sehen werden. Die Burge ist Nebenfluß des Allier. Mit Mühe überholen wir einen Radfahrer, der überraschenderweise nach Kleidung und Styling nicht der Tour de France entsprungen zu sein scheint wie sonst die Sportradfahrer von unterwegs. Vielleicht nützt der Mittzwanziger sein Rad tatsächlich noch als Transportmittel. Der Kirchturm von BOURBON zeigt sich bereits. Am Stadtrand werden wir mehrsprachig per Schild begrüßt.

Hier in diesem Kurort liegen die Wurzeln des französischen Königshauses. Ein kleiner Graf heiratet im 10. Jahrhundert eine Tochter aus dem Hause BOURBON und übernimmt den Namen seiner Frau. Auf verschlungenen Pfaden gelangt dieses Geschlecht auf den französischen Thron. Die Bourbonen sind noch nicht ausgestorben. In Paris lebt ein rüstige 80jährige Dame, eine Gräfin von Paris, so der offizielle Titel der legitimen Thronerbin. In Spanien sitzt ein Bourbone auf dem Thron.

Der Ort war Anfang des 18. Jahrhunderts der Alterssitz einer abgelegten Maîtresse von Ludwig XIV., der Mme de Montespan. Hier am Ort soll sie beliebt gewesen sein, da sie mit ihrer Abfindung und dem Erspartem aus königlichen Diensten großzügig zum Wohle der Einwohner umgegangen sein soll. Die Lebensgeschichte der Dame darf nicht unerwähnt bleiben.

Sie konnte sich bis zum 40. Lebensjahr an der Seite des Königs halten. Sie setzte allerdings nicht nur ihre natürlichen Reize ein, sondern erledigte die aufstrebende, jugendliche Konkurrenz bisweilen mit Gift. Eines ihrer Opfer stammt aus der südlichen Auvergne. Die bildhübsche Marie Angélique starb 20jährig qualvoll an einem Gift, das über Wochen die junge Frau zugrunderichtete. Die Montespan beschäftigte einen eigenen Hexenmeister. Der sollte Gifte entwickeln, die langsam wirkten und den Eindruck eines natürlichen Todes hinterließen. Um sicher zu sein, probierte die Dame ein Gift an ihrem eigenen Diener aus. Der König bekam Mittelchen ins Essen, die seine Begeisterung für Mme Montespan erhalten oder neu beleben sollten. Sie starb 1707 im Alter von 67 Jahren in BOURBON.

Die heilenden Wasser des Ortes zogen im 19. Jahrhundert auch Talleyrand (1754 - 1838) fast jeden Sommer an. Der Mann wurde und blieb bekannt durch seine Fähigkeit eines Korkens, immer oben zu schwimmen. Trotz massiv wechselnder politischer Verhältnisse konnte er sich oben halten. So diente er Ludwig XVI., den die Revolutionäre auf die Guillotine schickten, den Mächtigen der Revolution, Napoleon behielt ihn, und nach dessen Sturz vertrat Talleyrand Frankreich als Außenminister auf dem Wiener Kongreß. Dort beeinflußte er nicht unmaßgeblich die Weichenstellung für das Europa in der ersten Hälfte des 19. Jahrhunderts. Und 1830, nach der nächsten Revolution, wurde er französischer Botschafter in London.

Nach soviel Klatsch und Tratsch aus vergangenen Tagen bekommen die Schönheiten der Landschaft ihr Recht. Wir fahren auf der D 953 in Richtung YGRANDE und CERILLY. In CERILLY biegen wir rechts ein auf die D 11 nach Norden. Nach 500 m tauchen wir in den Wald von TRONÇAIS. Wir sind jetzt im größten zusammenhängenden Waldgebiet Frankreichs. Die kleinen Sträßchen sind von den großen Bäumen so überwölbt, daß wir durch hochaufragende grüne Tunnels zu fahren scheinen. Vor hundert Jahren gab es hier zahlreiche Wölfe. Heute sind die Wölfe eher die Besucher, die aufgefordert werden, sorgfältig mit diesen grünen Schätzen umzugehen. Total untersagt ist jeder Versuch, ein Feuer zu machen Es gibt wenige Verbote, die in Frankreich so ernst genommen werden, gerade von der Polizei.

Wir überqueren die D 978A Richtung Etang de PIROT. Zwei Kilometer weiter treffen wir auf einen Badestrand des See´s von PIROT. Dieser Strand ist überwacht (im Juli und August) und Baden erlaubt. Alleine sind wir allerdings nicht.

Wirtschaftswege führen in den Wald hinein, sind jedoch - Gott sei dank - nur dem Wanderer zugänglich. Diese Wege sollen bei Wanderungen oder Spaziergängen benutzt werden. Querbeetwandern wird von der Polizei nicht gern gesehen (Waldverschmutzung und Feuergefahr). Die Wanderwege sind gut markiert und das Waldgebiet ist ziemlich eben. Eine Wanderkarte ist jedoch notwendig (bei Verkehrsbüros erhältlich, zum Beispiel office du tourisme, F 03 MOULINS),

Badesee von Sankt Bonnet

Der Wald wird seit 300 Jahren bewirtschaftet. Mehr als 2/3 des Baumbestandes sind Eichen, der Rest Buchen und Fichten. Manche Bäume sind über 20 m hoch. Das Waldgebiet erstreckt sich über 10.000 Hektar, ungefähr ein Sechstel des Schwarzwaldes. Pilzliebhaber kommen auf ihre Kosten. Steinpilz, Pfifferling etc. sind hier beheimatet. An Wild tummeln sich Hirsche, Rehe, Wildschweine recht zahlreich zwischen den Bäumen.

Vom Badestrand kommen wir in Richtung ISLE-de-Bardais nach links ans westliche Seeufer. Direkt am Ufer entdecken wir einen Campingplatz (mit 3 Sternen). Wir erreichen die D 978A wieder. Auf dem Weg stören wir einige Spaziergänger mit unserem Gefährt und bekommen ein mittelschlechtes Gewissen. Wir biegen unter dem grünen Dach der Baumwelt nach rechts in die D 978A ein. Nach 2 km halten wir links auf dem Parkplatz des Rond Viljot. Zu Fuß gehen wir 100 m zurück und auf einem Pfad nach links in den Wald hinein (Schildchen "Fontaine Viljot"). Nach 200 m Spaziergang erwartet uns ein idyllisches Plätzchen.

Hohe Eichen umstehen eine kleine Lichtung. In der Mitte sprudelt ein Brünnlein vor sich hin. Wie im Märchen oder in der

Sage. Wir warten geradezu, nachdem wir von dem Wasser - andeutungsweise (!) - getrunken haben, daß jetzt irgendein Ritter heransprengt, der die Wasserstätte bewachen muß. Oder vielleicht kommt eine Hexe und macht uns zu Kleingetier, schöner wäre eine gute Fee mit den drei Wünschen im Angebot. Nichts von alledem. Der Wald bleibt ruhig, die Erde spaltet sich nicht, der böse Wolf hält irgendwo Mittagsschlaf. Am Grund des Brünnleins liegen Münzen. Kleingeld, das keinen Kirchendiener glücklich macht. Die Ursache hierfür sollen unbemannte Frauen oder gar Jungfrauen sein, die hier Münzlein klein reinwerfen und dabei ihren Wunsch nach Mann im allgemeinen oder im Besonderen ausdrücken. Ob der Ersehnte dann schon auf dem Parkplatz mit offener Porschetüre wartet, wir wissen es nicht. Gesehen haben wir keinen. Wenn

Das Brünnlein von Viljot

man die Münzen ansieht, das Höchste der Gefühle ist ein 10 FF Stück, ganze 2,90 DM, was ist der Mann da offenbar wert? Gerade eine halbe Zigarettenschachtel oder 6 Bildzeitungen. Vielleicht ist der Betrag nur symbolisch aufzufassen. Man/ Mann hofft´s.

Zurück zum Rond Viljot. Dort lädt ein nach allen Seiten offenes Holzhäuschen zum Picknick ein. Waldeinwärts davon steht eine gallische Eiche, 26 m hoch und über 300 Jahre alt (Ausschilderung “chêne”). Das Waldgebiet hinter der Eiche heißt “le pendu”, der Gehenkte. Der Hinweis paßt so gar nicht zu der ruhigen, beruhigenden und friedlichen Atmosphäre. Wir setzen unsere Spazierfahrt durch den Wald in Richtung TRONÇAIS fort. Das Schönste einer Fußtour bekanntlich ist, wenn man im Auto sie genießt, zumindest zur Abwechslung. TRONÇAIS besteht nur aus wenigen Häusern und einer Wirtschaft. Links sehen wir den See. Es gibt allerdings keinen überwachten Badestrand. Wir sehen zwar Leute am Ufer, aber nicht in Badekleidung und niemanden im Wasser. Ein Schild, das auf Badeverbot hinweist, ist ebensowenig zu entdecken. Unmittelbar nach dem Ort geht es nach rechts auf die D 250 nach St. BONNET und zum Etang (See) de St. BONNET. Und da ist was los. Wir haben Wochenende. Im Anschluß an den überwachten und abgegrenzten Badestrand liegt ein Campingplatz. Ein großangelegter, unbefestigter Parkplatz, der nicht sonderlich belegt ist, deutet auf mögliche Besucherfrequenz hin. Am Strand ist es voll, nicht zu voll. Die Damen tragen oben ohne. Es ist ja ziemlich heiß, das Wetter. Das Wasser spürt sich angenehm an. Im See sind wenige, so daß man bequem baden kann. Rückfahrt nach und durch TRONÇAIS in Richtung Osten (vorher war es von Westen). Nach dem See sofort nach rechts und 200 m weiter sind wir wieder im Wald und fahren die erste geteerte Straße nach rechts.

Unsere Spazierfahrt erreicht nach 4 km den Rond du Chêne Aragon. Dort steht die Aragon-Eiche. Die Franzosen haben in diesem Wald noch mehr Eichen getauft. Dabei fanden Dichter und Militärs (siegreiche) als Taufpaten eine Ehrung. Die Eichen tragen die Bürde klaglos. Bei der auf Beziehungen nach Spanien weisenden Aragon-Eiche biegen wir nach rechts auf die D 145 und überqueren den Etang de Saloup, der nur kurz zu sehen ist. Wir stoßen nach weiteren 1.500 m auf die D 39. Nach links. Die Kreuzung ist Mittelpunkt einer größeren Lichtung. Die D 39 führt rasch in den Wald wieder hinein. Dort nehmen wir die erste Straße rechts. Es ist ein befestigter Wirtschaftsweg (nicht gesperrt), die Route Forestière des Lurons. Wir durchqueren den letzten Waldabschnitt und wollen ihn noch genießen. Da der Mensch ein Wesen ist, der die Abwechslung liebt, freuen wir uns ein bißchen auf die freie Landschaft. Bis dahin kommen wir an die D 312, an den Rond de la Mouche, der Fliegenkreuzung. Vergessen wir nicht, früher sprangen hier Wölfe herum, wie heute Katzen in den Vorgärten. Die D 312 nach rechts Richtung MEULNE.

Noch einige Kilometer Wald und wir erreichen MEULNE. Das ist ein kleiner Ort an der Aumance. An dem Flüßchen hat die Gemeinde einen Campingplatz eingerichtet. Der Ort bietet auch Einkaufsmöglichkeiten für Lebensmittel. Im Ort ist ein Brunnen wie in fast allen Gemeinden in der Auvergne. Allerdings ist uns nicht klar, wie es um die Qualität des Wassers steht. Es ist zwar immer wieder zu lesen "potable" - trinkbar, aber so sicher sind wir nicht. Die Schilder können in Frankreich ein langes Leben haben und vielleicht ist das mittlerweile ihre einzige Existenzberechtigung. Auf der D 157 ziehen wir weiter nach HERISSON durch das hübsche Tal der Aumance. Baumreihen, Waldstücke, Felder und Wiesen wechseln einander ab.

Vier Kilometer vor HERISSON grüßt uns von hoch auf dem Berg ein romanische Kostbarkeit aus dem 12. Jahrhundert. Eine Kapelle steht da oben und schaut wie jene im Schwäbischen still ins Tal hinab. Den Hirtenknab entdecken wir nicht, aber er kann der Atmosphäre des Tales zufolge nicht weit sein. Die Kapelle steht im hellen, roten Licht der Abendsonne. Für die Aumance ist sie schon untergegangen. In den Farben der weichenden Sonne empfängt uns HERISSON. Unmittelbar nach der Ortseinfahrt führt rechts eine - geländerlose - Brücke zum Gemeindecamping (camping municipal) an der Aumance.

Wir spazieren am Abend durch HERISSON. Dabei fällt uns eine mächtige Burgruine auf. Eine Hinweistafel vor dem alten Rathaus teilt uns mit, daß wir hier nicht die ersten Menschen sind. Wollten wir das sein, so kämen wir 5.000 Jahre zu spät. HERISSON hat Restaurants, die sich und ihre Preise sehen lassen können. Wir kommen an einem Friseurgeschäft vorbei. Die Türen sind auf, und die rege Unterhaltung von Meister und vor allem Kundin dringt mitten auf die Straße. Schade, daß man die Hintergründe nicht kennt. Die Neuigkeiten der Gegend hätte man alle drauf anschließend.

Das Wasser der Aumance, das fällt uns später auf dem Campingplatz ein, als wir gemütlich daneben sitzen, fließt in den Atlantik und wer weiß noch sonstwohin. Der Weg führt über den Cher, die Loire und von da ins Meer. Eine Flaschenpost könnte bis Amerika durchkommen. Wahrscheinlich bliebe sie bereits am Ortsende hängen, und ein Polizeibeamter brächte sie zurück mit einer freundlichen Zahlungsaufforderung wegen Umweltverschmutzung. Das Postmonopol schlägt überall durch.

TAGESFAHRT 5

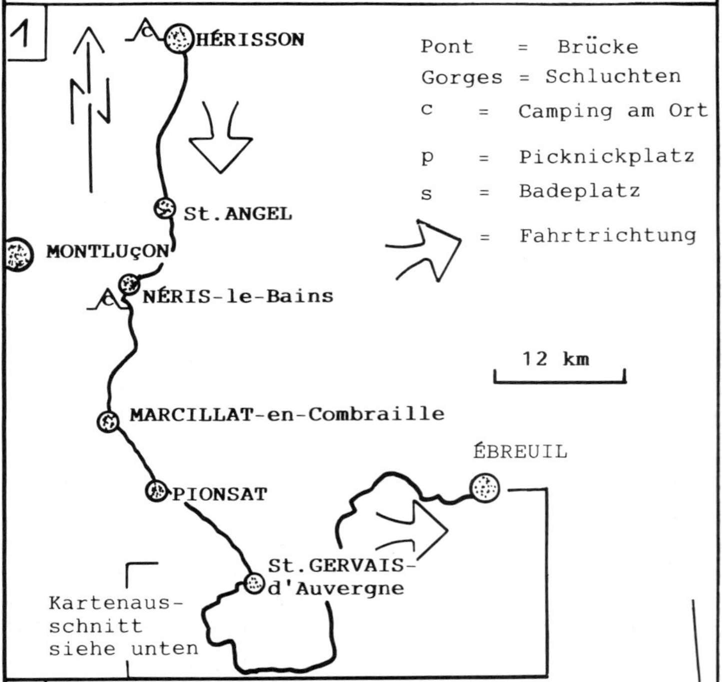

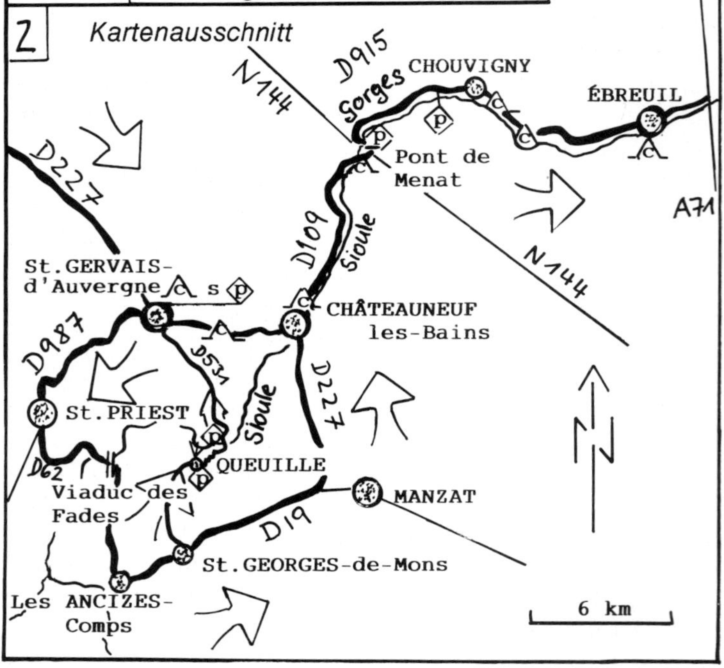

Tagesfahrt 5

HERISSON - EBREUIL

Strecke:	LOUROUX * CHAMBLET * NERIS-les-Bains * MARCILLAT-en-Combraille * St.GERVAIS * QUEUILLE * CHATEAUNEUF-les-Bains * EBREUIL
Entfernung:	150 km
Besichtigen:	Stausee von Besserve, Aussichtspunkt von QUEUILLE (Sicht auf den Mäander der Sioule), Schluchten der Sioule
Übernachten:	EBREUIL Campingplatz an der Sioule

Nach einem gemütlichen Frühstück bei croissants, Morgensonne und weitgehend unbevölkertem Camping am Ufer der Aumance starten wir und überqueren das Flüßchen auf der neckischen, geländerlosen aber genügend breiten Brücke. Wir verlassen HERISSON in Richtung LOUROUX zuerst auf der D 3. Kurz nach HERISSON halten wir auf der aufsteigenden Straße und haben einen herrlichen Blick auf die imposante Burgruine des Ortes. Die Burg wirkt gewaltig und gewalttätig Die uns aufnehmende Landschaft wellt vor sich hin. Nach 2 km wechseln wir auf die D 39 Richtung St. ANGEL, CHAMBLET, NERIS-les-Bains. Die Reisegeschwindigkeit beläuft sich auf 60 km/h. Die Strecke ist angenehm. CHAMBLET empfängt seine Gäste mit einem kleinen, schmucken Kirchturm, ein mit Zinnen bewehrtes, romanisches Bauwerk. Solche Kirchtürme geben einer kleineren Stadt oder einem Dorf Identität und innere Größe. Obwohl hier in der Auvergne die meisten Kirchen romanisch sind und letztlich alles gleich ist, vermittelt jedes Kirchlein den Eindruck einer völlig eigenen Persönlichkeit. In CHAMBLET stoppt uns eine rote Ampel, die einer Durchgangsstraße freie Fahrt anbietet. Bei grün überqueren wir die Durchgangsstraße (Vorfahrtsstraße) und nehmen die erste Straße nach rechts, die D 239 nach NERIS-les-Bains. Die D 239 wird bis NERIS-les-Bains zur D 155. Auf den Weiden faulenzen Kühe vor sich hin, kauen lustlos wieder. Mit den glücklichen Artgenossinnen aus einer anderen Weltgegend haben die offenbar nichts am Hut. Die Wiederkäuer provozieren trotz ihrer Lustlosigkeit ein Hungergefühl, das erst nach etlichen Kilometern sich auflöst. In NERIS-les-Bains spüren wir angesichts reizvoller Restaurants gewisse Rückschläge.

NERIS existiert seit über 2.000 Jahren. Fast ebenso alt ist seine Rolle als Kurort. Allerdings gibt es Unterbrechungen. Die Germanen zerstörten im 5./6. Jahrhundert den Ort während der Völkerwanderung. Ihr Metgebräu schmeckte ihnen sichtlich besser als die Heilwässerchen. Vielleicht sperrte sich ihre Krankenkasse gegen einen längeren Aufenthalt in NERIS. Mitte des 19. Jahrhunderts wurde der Kurbetrieb wieder aufgenommen und erlebte einen großen Aufschwung. Das reichgewordene Bürgertum und welker Adel entdeckten die Kurszene als gesellschaftliche Plattform und brachten Geld.

Wir legen eine Pause ein und trinken in einem Café in der Nähe der in ihren Ursprüngen aus gallorömischer Zeit stammenden Kirche einen café noir. Die Steine, sie sprechen, sie erzählen. Sie erzählen von einem schwarzhaarigen Töchterchen des römischen Verwaltungsbeamten im alten NERIS. Die 8. Legion Augusta ist längst abgezogen. Die Goten rücken immer näher, überqueren vielleicht beim heutigen MOULINS den Allier und dringen in das Städtchen ein. Sie plündern nicht, sie morden nicht, sie ziehen einfach durch, einige machen Rast. Ein junger Gote dringt in ein Haus ein, verlangt zu trinken und zu essen. Er war noch ein Kind, als sein Stamm an der Wolga loszog. Keiner sagte ihm, daß es das Römische Reich gibt, keiner sagt ihm jetzt, wo er eigentlich ist. Die Weichsel sah ihn als Jüngling, der Rhein erlebte ihn als Verfolger der flüchtenden römischen Kohorten, als den furor teutonicus, den germanischen Schrecken. Im Hause trifft er auf das schwarzgelockte langhaarige Töchterlein. Auch sie weiß nichts von den Goten, wo sie herkommen, wer sie sind, sie weiß nur von dem Schrecken, den sie verbreiten. Die beiden begegnen sich, als würden sie sich kennen, als lebten sie dasselbe Leben, als empfänden sie sich als Menschen mit gleichen Gefühlen in einer auseinanderbrechenden Welt. Ihre dunkelbraunen südländischen Augen sehen den Eindringling und fesseln ihn. Sein Schwert sinkt nieder, seine blonde Kriegermähne fällt um ihre weißen Schultern. Er trinkt und ißt - und bleibt. Die anderen ziehen weiter nach Spanien. Es scheint, als seien beide wieder da. Der blonde Kellner, der nur französisch versteht, die schwarzgelockte 2 CV-Fahrerin, die am Café ins Halteverbot reinparkt und locker am Café vorbeischlendert. Die Steine, irgendwo in der alten Kirche eingemauert, schweigen wieder. Wir bezahlen den Café.

In NERIS biegen wir nach rechts in die N 144 Richtung VILLEBRET, MONTLUÇON ein. Auf der N 144 die erste Straße nach links Richtung MARCILLAT-en-Combraille auf die D 155. Achtung, die Ausschilderung ist infolge innerörtlicher Verkehrsleitung nur von der Gegenrichtung aus zu sehen.

Wie der Werbeprospekt zeigt, kommen heutzutage nicht nur ältere Menschen zur Kur, sondern auch junge, reizvolle Damen. Der Werbefotograf hat sie beim hüllenlosen Gang ins Bad und unter die Massage begleitet und seine Fotoarbeiten in den Prospekt eingerückt. Der Heilprozeß der jungen Damen macht, wenn den Bildern zu glauben ist, gute Fortschritte und hat bereits sichtbar über dem Durchschnitt liegende Ergebnisse erzielt.

Die D 155 ist ziemlich kurvig und bergig. Alte Bäume begrenzten unsere Route. In VILLEBRET nutzen wir die D 1089 nach MARCILLAT, PIONSAT. Ab PIONSAT in Richtung St. GERVAIS auf der D 227. Vor St. GERVAIS nervt uns ein Holztransporter. Er stinkt gemächlich über die Strecke, weicht nicht aus und ist nicht zu überholen. Am Ortseingang sehen wir links einen Badesee mit Camping. Jetzt in Richtung St.PRIEST-des-Champs auf der D 987. Von St. PRIEST auf der D 62 zum barrage (Staudamm) de BESSERVE. Unterwegs sehen wir in der Ferne die Kette der Puys. Bergab und vor uns breitet sich der Stausee aus. Ein mächtiger Staudamm und eine eiserne Bahnbrücke, ein waagrechter Eiffelturm setzen sich eindrucksvoll ins Bild. 70 Millionen Kubikmeter Wasser drücken auf die Mauer. Die Wassermenge verteilt sich auf 20 km längs der Sioule auf 450 Hektar. Nach einem Schild zu urteilen ist Baden gestattet. Zu sehen ist jedoch niemand. Alle zehn Jahre wird das Wasser abgelassen, um die Staumauer zu überprüfen. Am 19. August 1991 war es das letzte Mal. Der Wasserauslauf ist erst Mitte November beendet. Die umliegenden Gemeinden verwandeln das Ereignis in eine lokalpolitische Angelegenheit. Neben offiziellen Reden und Grußworten kommen allerlei Festivitäten zur Wirkung.

Die Eisenbahnbrücke wurde Anfang unseres Jahrhunderts gebaut. Sie überspannt die Sioule über 470 m und ist der höchste Bahnviadukt Europas. In der Mitte liegt die Sioule 133 m tief unten. Der Name Fades, nachdem die Brücke benannt ist, stammt von den drei Häusern, die den Ort FADES abgeben. Im Okzitanischen bedeutet "fades-Verrückte". Vor Jahrhunderten sollen hier zwei Frauen gewohnt haben, die ihr Geld für eine Brücke über die Sioule ausgegeben haben. Daraufhin hätte die Bevölkerung sie für verrückt gehalten.

Nach der obligatorischen Fotoaktion fahren wir über die Staumauer bis Les ANCIZES (camping) auf der D 62, dann auf der D 19 bis St. GEORGES-des-Mons. Am Ortsende nach links zu "Méandre de QUEUILLE" (ausgeschildert). QUEUILLE ist

Eisenbahnviadukt von Fades

ein kleiner Weiler. Auf der Hauptstraße fahren wir vorbei an einem Brunnen zu dem Parkplatz einer kleinen, romanischen Kirche. Dort sind Toiletten, eine Wasserstelle und ein Imbißstand. Zu dem Mäander sind noch 100 m zu gehen. Der Aussichtspunkt auf die Sioule ist Pflichtprogramm. Von weit oben sehen wir auf die Kehrschleife hinunter.

Jetzt trennen sich die Wege. Für größere Fahrzeuge, die Probleme bei 2.50 m breiten Durchfahrten haben und für Gespanne geht es zurück nach St. GEORGES. Dort nach links in Richtung MANZAT auf der D 19. Einen Kilometer vor MANZAT links nach CHATEAUNEUF-les-Bains auf der D 227.

Mäander der Sioule bei Queuille

Für die übrigen Fahrzeuge gilt: vom Parkplatz herunter nach links (nicht zum Friedhof). Man kommt auf einem unbefestigten Weg hinunter zur Sioule. Bei nassem Wetter nicht ratsam. Ab und zu gibt es Ausweichmöglichkeiten. Der Weg wird vor allem von Anglern benutzt. Schließlich kommt man durch den Wald an den Fluß. Der Abstieg lohnt sich. Man steht mitten in der Schlucht der Sioule. Über den Fluß führt ein kleiner Staudamm, an den ein Kraftwerk angeschlossen ist. Der Damm ist 116 m lang. Als wir unten sind, hält ein Fahrzeug mit französischem Kennzeichen. Völlig auf eine französische Ansprechaktion eingestellt, vernehmen wir überrascht, daß die junge Dame ein munteres Deutsch aus Bayern plaudert. Der

Schluchten der Sioule, Kleinkraftwerk

Die Sioule unterhalb von Saint Gervais

Freund ist Franzose. Sie wollte wissen, ob man nach Queuille hochfahren könne. Sie kamen von St. GERVAIS, wo wir jetzt hinwollen. Zwei Kilometer nach St. GERVAIS ist links ein Camping und rechts ein Badesee. Unser Weg führt nach CHATEAUNEUF-les-Bains. Diese Kurort liegt im Tal der Sioule (Camping an der Sioule).

Wir begleiten den Fluß zum Pont (Brücke) St. MENAT auf der D 109. Die Schluchten sind unsere Gefährten 15 km lang. Die Straße führt im Tal, und wir sehen vieles aus der Zwergenperspektive. Diese wird beim Château au Rocher, der Burgruine auf dem Felsen, unterbrochen. Kurz vor der Brücke St. MENAT geht eine Abzweigung nach rechts (ausgeschildert). Unweit der Burgruine parken wir. Es gibt keinen vorgesehenen Parkplatz. Die Ruine ist offenbar nicht das stetige Ziel der Touristen. Die Ruine liegt phantastisch. Nicht nur, daß die Ritter besten Fernsehempfang gehabt hätten - bei frühzeitigerer Entwicklung - , sie hatten eine brillante Aussicht zu genießen. Zeus auf Wolke 7 hat keinen schöneren Blick auf die Sioule. Die Burgruine selbst ist wildromantisch. Der Bergfried, die letzte Rettung der Besatzung, beherrscht die Trümmerfeste. Wie die Gemäuer so aussehen, liegen da im Verlies bestimmt einige Knochen ehemaliger, vergessener Gefangener herum. In den hohlen Fenstern, durch die der Wind ganz zügig pfeift, klappert zur Geisterstunde ohne Zweifel Sankt Kunibert im Gerippenoutfit.

Zurück zur Blechkutsche, die schon vor Mitternacht zu klappern anfängt. Wir fahren runter ins Tal, passieren die Brücke von MENAT (Camping) und nähern uns dem landschaftlichen Höhepunkt der Sioule: den Schluchten bei CHOUVIGNY. Hier käme John Wayne ins Zittern, müßte er durchreiten, und die Indianer oder andere Kameraden lauerten in den Felsen. Am Roc Armand sind zu beiden Seiten der Straße Parkplätze eingerichtet. Ein Felstunnel entläßt uns aus der Enge und wir fahren im breiten Tal der Sioule nach EBREUIL. Unterwegs sehen wir in CHOUVIGNY und in St. GAL-sur-Sioule Campingplätze der Gemeinde. In EBREUIL lassen wir uns an der Sioule auf einem Gemeindecamping nieder. Zum Einkaufen eilen wir in das Städtchen. Kurz vor 19.30 Uhr rauschen wir in den Economat gegenüber der Post an der Durchgangsstraße.

EBREUIL zählt 1.200 Einwohner und macht einen gemütlichen, ruhigen Eindruck. Wir sehen uns den Ortskern an und freuen uns auf die Nachtruhe.

TAGESFAHRT 6

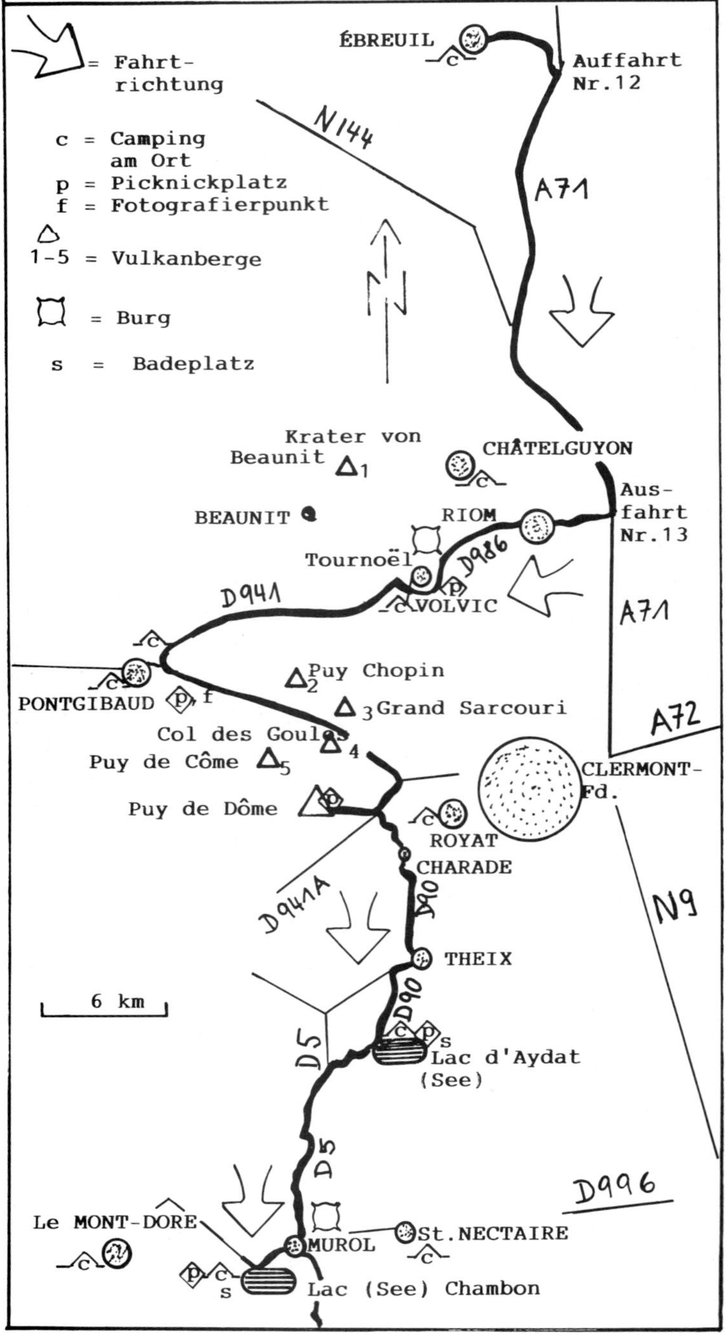

Tagesfahrt 6

EBREUIL - See (Lac) CHAMBON

Strecke:	A 71 Richtung CLERMONT-Fd. * Ausfahrt Nr. 13 (sortie) RIOM * VOLVIC * PONTGIBAUD * Puy de Dôme * THEIX * See von AYDAT * See CHAMBON
Entfernung:	130 km
Besichtigen:	Puy de Dôme, See von Aydat, See CHAMBON
Übernachten:	See CHAMBON Campingplatz oder Parkplatz am See

Der Tag beginnt mit Nebel. Der Himmel ist verhangen. Wenn das so bleibt, können wir uns den Puy de Dôme abschminken. Der sitzt in den Wolken und läßt höchstens seine Fußlappen sehen. Wir starten Richtung GANNAT / A 71. Zur Abwechslung möchten wir mal die Autobahn genießen. Nach dem mehrtägigen Gelumpe auf engen Straßen hinter Traktoren, altersschwachen LKWs braucht die Seele die Gewißheit, daß es noch etwas anderes gibt. Zuviel Autobahn wird nicht gemacht, nur so 25 Kilometerchen. Wenig Verkehr und bald ein Ziel im Auge, die Kette der Puys, kaum Gaspedal, das ist Autobahnfahrt im Urlaub in der Auvergne. Péage muß wohl sein. Wenn allein der Blick auf die Puys-Serie zählt, dann haben sich die 25 km gelohnt. Kaum auf der Rollbahn, sehen wir von Ferne die Vulkanreihe mit den über 80 Vulkanen. Die sieht man natürlich nicht alle zugleich, manche überhaupt nicht, aber die Vorstellung reicht. Hinter und zwischen den großen Bergen, auvergnatisch den Puys, verbergen sich all die kleineren, eingestürzten, vom Gletscher niedergemachten Feuerspeier.

Die Auvergne ist ohne die Vulkane nicht die Auvergne, und fast könnte man glauben, ohne die Auvergnaten sind die Vulkane keine Vulkane mehr. Als der liebe Gott alle Schätze der Welt verteilt hatte, so die Erzählung, und alle Völker und Stämme ihre Meere, Wälder, Seen mitgenommen hatten, da stand noch der Auvergnate vor dem lieben Gott und hatte

Nachbarn des Puy de Dôme

nichts. Seine ihm in unseren Tagen vielfach nachgesagte Langsamkeit hat dem Auvergnaten schon zu Beginn des irdischen Betriebs einen Streich gespielt. Der liebe Gott schaute sich um. Er hatte nur noch Vulkane im Gepäck, die aber reichlich. Warum die nicht schon verteilt waren, davon erzählt die Legende nichts. Der Auvergnate nahm sie, ließ sie vom lieben Gott in seine karge Auvergne stellen und war´s zufrieden. Und heute? Heute sind die Vulkane so einzig in Europa, daß man meinen kann, die Auvergne sei ein Liebling der Schöpfung.

Bei der Ausfahrt (sortie) Nr. 13 verlassen wir die Autobahn in Richtung RIOM, VOLVIC. Die D 986 führt uns bei VOLVIC an der zerstörten Burg Tournoël vorbei. Rechter Hand ist ein nicht sonderlich sauberer aber doch ein Parkplatz (12 km nach der Autobahnausfahrt). Bei schönem Wetter finden sich dort Maler und Zeichner ein, die das Panorama mit der Burg Tournoël als Fixpunkt auf die Leinwand bannen. Sie sitzen auf klapprigen Stühlchen und fabrizieren ansehnliche Landschaftsbilder. Daß der Parkplatz auch ein hervorragender Fotostandpunkt ist, versteht sich von selbst.

Tournoël galt lange Zeit als uneinnehmbar bis sie im 17.Jahrhundert zerstört wurde. Steine bleiben und trotzen der Vergänglichkeit, scheint es. Menschen verschwinden im Nichts. Mitunter erreichen uns diese Menschen nur über immer weitergereichte Erzählungen wie das Licht längst erloschener Sterne. So hören wir von einer 21jährigen, kapriziösen und lebenslustigen Witwe aus dem 16. Jahrhundert, der Françoise Talaru. Sie kam ursprünglich aus LYON und heiratete Reichtum, Burg und älteren Mann. Der machte sie bald zur Witwe, und sie saß jetzt in Tournoël fest. Zu spät erkannte sie, welch gottverlassene Ecke diese Burg tatsächlich war.

Was ist muß nicht so bleiben. Ohne Rücksicht auf Ruf und Besitz brachte sie ihre Verführungskünste zur Wirkung und genoß zum Schrecken der tugend- und enthaltsamen adligen Umgebung die Früchte ihrer Schönheit. Sie sei eine Zauberin, eine Hexe. Mit solchen und anderen Erklärungsversuchen halfen sich interessierte aber entsetzte Zeitgenossen über das eigene, langweilige Dasein hinweg. Vielleicht sei sie sogar eine “Melusine”, eine Dame, die nach der Sage mal als Nixe mal als Frau ihr Vergnügen sucht und findet. Der königliche Gerichtsherr von MONTFERRAND entsetzte sich besonders. Er begab sich in den Bannkreis der Françoise und - heiratete sie. Wahrscheinlich faßte er das als gute Tat auf, um so die junge Dame auf den richtigen Weg zurückzugeleiten. Der Herr war nicht mehr der Jüngste. Er starb bald. Wer zu spät anfängt... Eben. Mehr wissen wir nicht von Françoise.

Im Turmverließ von Tournoël ging es nicht so lustig zu. “Möge Gott, daß ich rauskomme” hat eine vergessene Kreatur in die Mauer gekratzt.

Die D 986, dann die D 941 führen nach PONTGIBAUD. Wir sind bereits in den parc des volcans, den Naturpark der Vulkane, eingetreten und befahren Lavagrund. Unmittelbar vor PONTGIBAUD herrscht Kreisverkehr. Aus diesem fahren wir heraus Richtung Puy de Dôme. Nach 200 m ist rechts ein Rastplatz. Der bietet sich als Fotostandpunkt an, um den alten Kelten, den Puy de Dôme, in seiner vollen Wucht auf die Platte zu bannen. So günstig bekommt man ihn nicht mehr vor die Linse. Das Wetter hellt sich seit kurzem auf. Bis zum Puy de Dôme lenken uns Wegweiser. Auf der Zufahrt zum Berg liegt links ein zoologischer Park. Zu seinen Füßen befindet sich ein großer Parkplatz, eine Imbißbude und ein Steinmuseum. Wenn man Pech hat, z. B. bei herrlichem Wetter, dann ist Stau, und das geht in die Zeit. Die Auffahrt zur Bergspitze liegt in privater, gewerblicher Hand. Die Straße ist mautpflichtig. Falls oben zu viele Fahrzeuge ankommen, wird unten dicht gemacht. Um die Zeit zu vertreiben, kann man sich über den Berg informieren. Bis das Stauopfer alles weiß, ist wohl der halbe Urlaub vorbei.

Der Puy de Dôme ist seit 4.000 Jahren praktisch in Rente. Vor tausend Jahren soll er noch etwas gezuckt haben. Seine heißen Tage waren in der Zeit von vor 10.000 bis 4.000 Jahren. Während die aktive Epoche der Vulkane in der Auvergne einen Zeitraum von 30 Millionen Jahren erfaßt, sind die Monts-Dômes, die Kuppelberge, ein recht junges Gemüse. Diese Vulkankette tobte sich von VOLVIC bis AYDAT in der Länge und in einer Breite vom 3 km aus. Der Puy de Dôme als ihr Häuptling hat seine Wurzel in einer großen Erdspalte. Daraus floß heiße Magma, die bald erkaltete. Dann kehrte für lange Zeit Ruhe ein. Schließlich stieg der Druck im Erdinnern, der Boden erzitterte, und eine gewaltige Explosion türmte den Puy Lacroix auf, den südlichen Nachbarn des Puy de Dôme. Der Lavastoß nahm und nahm kein Ende. Weitere gewaltige Explosionen folgten, verwandelten die flüssige Lava in einen Art Staubregen. Dabei entstand ein riesiger Bergkegel, der Puy de Dôme. Der Puy ist also kein Vulkan aus dem Bilderbuch des Laien, sondern ein großer Dreckhaufen. In der Tiefe des Kegels verblieb eine zähflüssige Masse. Diese brach nach oben durch, schleuderte die Schlacke heraus. Fertig war der kleine Puy de Dôme in unmittelbarer nördlicher Nachbarschaft. Die Lava breitete sich bis FONT de l´Arbre, ORCINES, Le CHEIX aus und blieb nach 7 km am heutigen westlichen Stadtrand von CLERMONT-Fd. liegen. Damals war in der Auvergne buchstäblich die Hölle los.

Der Puy de Dôme erhebt sich 1.465 m über den Meeresspiegel, tausend Meter über CLERMONT-Fd. und überragt um 500 m die Nachbarvulkane. Mittlerweile sind wir geistig und seelisch für die Auffahrt gerüstet. Die freundliche Dame am Beginn der Privatstraße nimmt unsere 10 FF entgegen. Mit jedem Meter gewinnen wir einen größeren Überblick. Der Aufstieg führt über stattliche 12 % auf circa 4 km. Aber Höhenmeter im Auto sind nicht das Schlimmste. Oben treffen wir auf eine ausgedehnte Baustelle. Da die Touristen sich überall wohlfühlen sollen, wird ein komfortables Restaurant auf dem Plateau des Puy gebaut. Recht ungeübte Parkeinweiser versuchen den Fahrzeugstrom zu lenken. Nach Abschluß der Parkmanöver beginnen wir, das ausgedehnte Plateau des Puy zu besichtigen. Die Witterung wird hier oben auf der riesigen Lavakuppel ziemlich frostig und windig. Wir drehen eine Runde. Mal laufen wir durch Wolken, die den Berg völlig einhüllen, dann bricht wieder die Sonne hervor und gibt den Blick frei auf die unheimlich wirkende umliegende Vulkanwelt, eine Mondlandschaft.

Zwei Orientierungstafeln geben Hinweise in die verschiedenen Richtungen und strapazieren die geographischen Kenntnisse des Betrachters. Bei dem Rundgang stoßen wir auf die Reste eines römischen Tempels, der Merkur, dem Gott der Diebe und Händler geweiht war. Der Tempel hatte mit über 3.000 Quadratmeter Grundfläche beachtliche Ausmaße. Zweifellos besaßen die Gallier zuvor ein Heiligtum auf dem Berg.

Vielbelesene Zeitgenossen glauben in dem Wort “dôme” nicht die Bedeutung Kuppel mit Wurzeln im Provenzalischen und Griechischen zu erkennen, sondern vermuten dahinter den in 2.000 Jahren veränderten Namen einer gallischen Gottheit. So völlig aus der Welt ist diese Annahme nicht. Unzählige Beispiele bezeugen, daß die Menschen einmal als heilig verehrte Stätten weiter in Ehren halten. So wird wohl ein gallischer Gott mit dem Puy de Dôme in Verbindung gewesen sein. Sein Name, der eines lange verehrten, bleibt im Gedächtnis der Menschen. Wenn auch der Name weitergetragen wird, so nicht unbedingt seine Bedeutung und die Sprache, in der der Name heimisch war. Die Menschen neigen dann, einen solchen Namen in der aktuellen Sprache solange umzuformen, bis Name und Bedeutung zusammenpassen können. Ein solcher Weg wandelte vielleicht den gallischen Gottesnamen zu “dôme - Kuppel”.

Das Jahr 1648 bietet Wissenschaftsgeschichte. Der uns bereits bekannte Blaise Pascal beauftragte seinen Schwager, mit Hilfe eines Barometers den Luftdruck in CLERMONT und anschließend auf dem Puy de Dôme zu messen. Dabei kamen zwei verschiedene Werte heraus. Pascal schloß aus diesem Ergebnis auf das Vorhandensein des Luftdrucks.

Wir kehren zum Fahrzeug zurück. Nach über 2 Stunden hat uns das “Tief”land wieder. Die Bäume und Häuser haben wieder die gewohnte Größe. Wir biegen in die D 941A nach links ein, nach wenigen Metern rechts auf die D 68 Richtung FONT de l´Arbre, nach CHARADE auf der D 90 und auf der D 52 nach THEIX.

In THEIX gelangen wir auf die N 89. Nach wenigen Metern geht es nach links zur D 90 weiter zum Lac d´AYDAT, dem See von AYDAT. Vergessen wir nicht, wir rollen ständig auf Lava. Hier kochte und brodelte die Erde auf einer Länge von 6 km und 1.200 m Breite. Feuerläufer hätten ihre Europameisterschaft austragen können. Als geologische Laien erkennen wir nicht viel, genauer gesagt gar nichts. Das Gelände ist mit Gras bewachsen und leicht bewaldet. Größere Brocken liegen in der Gegend herum. Am See von AYDAT suchen wir uns einen Parkplatz. Je schöner das Wetter, je geringer die Chance, einen zu finden. Der See liegt toll. Ringsum Berge, Wald. Das riecht nach Vulkanprodukt. Unsere einst heiße, kochende Vulkanasche, deren Reste wir eben überquerten, schob sich so in das Tal der Veyre, des örtlichen Flusses, daß das Wasser staute und zu einem See zusammenfloß. Heute kann man dort baden, Boot fahren, etc. Drum herum beglücken Camping unter Bäumen mit Seezugang, Restaurants und Imbißbuden. Im Bereich von 1-2 km des Sees sind alle normalen Versorgungsmöglichkeiten vorhanden. Rings um den See sind Rundwanderwege markiert.

Der Name AYDAT rührt von dem Schwiegervater unseres Sidonius Apollinaris, dem zeitweiligen römischen Kaiser Avitus. Avitus stammte aus der Auvergne. Sidonius verbrachte seine letzten Jahre auf der Insel im See, wo er ein schönes Landhaus hatte. Dort praktizierte er Keuschheit und philosophische Dichtung. Seine Knochen liegen in der Kirche von Aydat. Ein lebenskluger Steinmetz schlug dort folgende Inschrift ins Gemäuer: Hic sunt duo innocentes et Sidonius sanctus. Hier ruhen zwei Unschuldige und der Heilige Sidonius.

Die Oberfläche des Sees beträgt 65 Hektar, seine Tiefe bis zu 14.50 m.

Wir lösen uns von dem See und richten unsere Erwartungen auf kommende Schönheiten, seien sie landschaftlich oder kulturell. Der Weg geht weiter nach MUROL auf der D 5. Nebel hängt in den Bergen, dick und unsympathisch. Mitten im Sommer stochern wir in Nebelschwaden bis kurz vor MUROL. Einen knappen Kilometer vor der Stadt zweigen wir rechts ab zum See CHAMBON. Linker Hand taucht das Naturkleinod auf. MUROL verschieben wir auf morgen. Einige Hundert Meter am Seeufer entlang und wir kommen an einen Parkplatz mit Toiletten und im Anschluß daran liegt ein Camping, beide direkt am See. Hier ist auch der Badestrand angelegt. Das Ambiente weist auf Tourismus. Alle am und um den See orientieren sich daran.

Der Lac CHAMBON bietet über 200 m Badestrand, Tennisanlagen, Restaurants, Minishopping, etc. Eine Rundwanderung um den See ist markiert und tut gut. Zeit: 2 Stunden.

Der See ist wie alles in der Gegend ein Vulkansproß. Vor keinen 10.000 Jahren baute sich der Vulkan Tartaret im nahegelegenen Tal der Couze auf über 900 m auf. Dabei schob sich der Knabe touristisch so weitsichtig in die Landschaft, daß das aufgestaute Wasser einen herrlichen See bildete.

Kein bewohnter Ort ohne Überlieferung menschlichen Leids und Glücks. Märchen und Erzählungen sind die Denkmäler des kleinen Mannes, des Volkes. Am Nordufer des Sees ragt eine Felsspitze auf und mitten in das Geschehen hinein. Eine junge, hübsche und weiland unschuldige Schäferin weidete eines Tages ihre Schäflein auf kargem Fels. Hufe klapperten, ein Reiter trabte des Weges daher. Es war der Finsterling vom Dienst. Natürlich adlig, faul, verkommen und vergnügungssüchtig. Keine Chance für unser Mägdelein, unbemerkt davonzueilen. Der Finsterling, nicht unerfahren, erkannte sofort die Schönheit im bettelarmen Gewande und die Reize, die mit dem Fleckenkleid spielten. Der Unhold begehrte, was nicht sein war noch werden durfte. Die Schöne floh, suchte zu enteilen. Sie gelangte an die Felsspitze. Tod oder Schande. Sie rief nach der heiligen Maria und sprang in die Tiefe. Maria half. Unsere Unschuld landete sanft und ging ins Dorf. Die Kleine inszenierte ihren Auftritt, erzählte von Unhold und drohender Schande und von der wundersamen Errettung. Die Dorfbewohner glaubten nur die erste Hälfte. Die Schäferin, keck und übermütig, bot an, ein zweites Mal zu springen, ohne Finsterling. Sie sprang in die Tiefe. Kein Unhold, keine Maria. Der hübsche Körper der Jungfrau zerschellte am Fuße des Felsen.

Ohne Übermut lesen wir noch und beschließen den Tag.

Badesee von Chambon

TAGESFAHRT 7

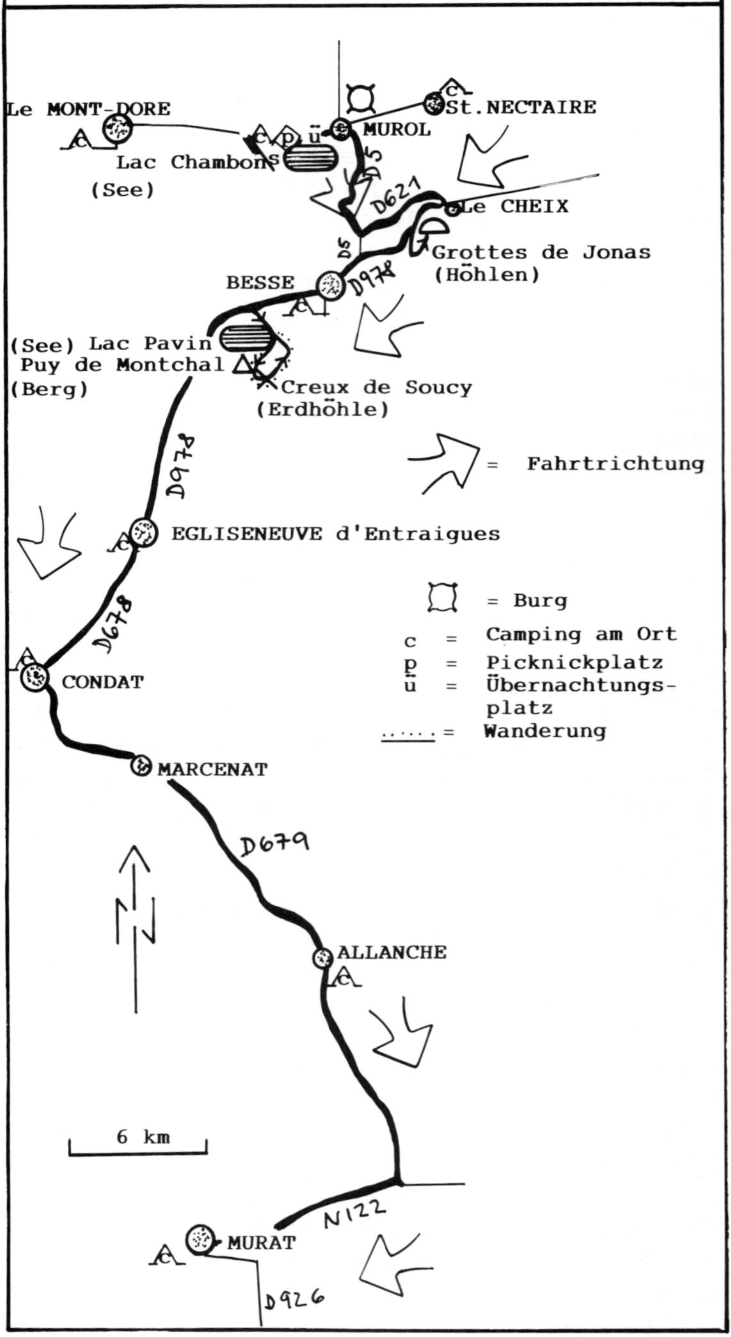

Tagesfahrt 7

See (Lac) CHAMBON - MURAT

Strecke:	MUROL * Le CHEIX * BESSE * CONDAT * MURAT
Entfernung:	130 km
Besichtigen:	MUROL, Jonashöhlen (Grottes de Jonas), See (lac) Pavin
Wanderung:	See Pavin - Erdspalte von Soucy (3 h)
Übernachten:	MURAT Campingplatz

Kurze Zwischenstation in MUROL. Respektabel erhebt sich der mächtige Turm der Burg über MUROL. Am besten sollten wir uns einen Hubschrauber leisten. Dann könnten wir die Festung in ihrer ganzen Gewalt erkennen. Jedoch der Lottogewinn blieb letzte Woche aus, und wir schnaufen zu Fuß hinauf. Einige konditionsstarke Radsportler steigen an uns vorbei. Solch ein ungemütliches Entrée. Die Burgherrn wollten offenbar keine Besucher, zumindestens keine ungebetenen. Da loben wir die Kirchenleute. Die setzen ihre Kathedrale mitten in die Stadt, meist in der Nähe einer künftigen Tiefgarage. Das ist doch ein anderer Service.

Vor die Kultur hat das Schicksal die Kasse gesetzt. Bei FF 13 pro Person ist eine ungeführte Besichtigung erlaubt. Das reicht auch, denn welche Führung verläuft schon in deutsch. Wir tummeln uns innerhalb der Ummauerungen. Die Ruine ist ziemlich groß, wenn man die Burgen in Mitteleuropa damit vergleicht. Das steinerne Ungetüm gehörte im 15./16. Jahrhundert der Familie Estaing. Ein Abkömmling dieses auvergnatischen Geschlechts ist Valérie Giscard d´Estaing. Er bekleidete von 1974 bis 1981 das Amt des Präsidenten der Französischen Republik. Heute ist er Mitglied des Europaparlaments. VGE, wie er in Kurzfassung gehandelt wird, hat(te) ein politisch gutes Verhältnis zu Helmut Schmidt. Zu dessen Kanzlerzeiten wurden den beiden Politikern eine Art deutsch-französische Achse nachgesagt.

Da das Wetter mittelprächtig ist, nicht zu kalt, nicht zu warm,

„Guten Morgen Deutschland“

vertreten wir uns in der weiteren Umgebung der Burg für eine Stunde die Füße und gehen nach MUROL zurück.

An der Brücke über die Couze de CHAMBON genehmigen wir uns einen Café. Es liegt an der Durchgangsstraße, ist jedoch unterhaltsam. Am Nachbartisch haben sich echte Wanderer niedergelassen. Sie wollen nach Süden über den Wanderweg GR 30 (grande randonnée).

Wir packen´s wieder und starten in Richtung D 5 BESSE-en-Chandesse. Das reimt sich sogar. Dazu muß man zunächst Richtung Lac CHAMBON und kurz vor der Ortsausfahrt scharf (Haarnadelkurve) links bergan. BESSE ist ausgeschildert. 8 km nach MUROL zweigt die D 621 nach links in Richtung Le CHEIX ab. Durch kleinere Waldstücke rollen wir in das Tal von Pavin auf die vorfahrtberechtigte D 978. Gegenüber der Straßenkreuzung ragen ansehnliche Felswände aus Tuffstein in den regenverhangenen Himmel. Mitten in der Felswand klaffen dunkle Höhlenlöcher. Unwillkürlich rufen sich Bilder von Rulaman, dem sagenhaften Höhlenmenschen aus der Schwäbischen Alb oder von Neandertalern mit Faustkeil in Erinnerung. Vielleicht trampeln Mammutherden durch die Couze de Pavin. Passen wir mal auf. Alsbald wissen wir, daß es die sogenannten Jonasgrotten sind. Also nichts mit Steinbeilen in der Windschutzscheibe. Das heilige Blechle ist nochmal gerettet. Der einzige Mammut, der uns bleibt, ist die Kaufhauskette gleichen Namens. Deren Logogetier, ein Mammut, zerschmettert bekanntlich die Preise, so die Behauptung.

Wir biegen in die D 978 nach rechts in Richtung Besse ein. Links geht es nach Le CHEIX. Von dort kommt man auch zu den Grotten, aber die Durchfahrt ist sehr eng. Nach 1.500

Meter in Richtung BESSE führt eine Straße nach links. An der Abzweigung ist ein Restaurant. Es empfiehlt sich, auf dem Parkplatz den Wohnwagen abzustellen oder in der Nähe, falls es Probleme mit dem Pächter gibt. Die Auffahrt ist eng und der Gegenverkehr lästig. Die Touristen auf der anderen Fahrbahn haben ihren Führerschein auf breiteren Straßen gemacht. An den Grotten finden wir einen unbefestigten Parkplatz mit Imbißstätte. Der Prophet Jonas aus dem Alten Testament ist nicht vorhanden. Wenn schon kein Mammut! Aber wir sind ja selbst alle Abkömmlinge von Urmenschen und so bereits Kulturgut und sehenswert. Warum die Höhlen nach Jonas heißen, ist

Felstal vor Besse

zunächst wenig einleuchtend. Nirgends ein Wal, kein Meer, kein Prophet, aber die Phantasie der Umwohner. Wie meinte Kant, die Welt ist nicht so wie sie ist, sondern wie sie gesehen wird.

Die Leute vermuteten in den Höhlen große Schätze, die, wie unser Jonas im Bauche des Wals, in den Felswänden verborgen seien. Die Phantasie war nicht grundlos. Mit dem Ausspucken hat es jedoch Probleme. Im 14. Jahrhundert verspürte der französische König mal wieder Lust auf Bargeld. Seine Einnahmen taten nicht so wie die Ausgaben wollten. Da griff er sich den Ritterorden der Templer und ihr Vermögen. Die verfolgten Mönchsritter versteckten sich und ihre Schätze in diesen Höhlen. Sicher nicht nur hier. Die Templer bauten die vorhandenen Felsbehausungen im Umfang von 60 Höhlenräumen aus. Die Grotten müssen bereits Steinzeitmenschen genützt haben. Vermutlich waren diese Höhlen über die Jahrtausende hinweg den Menschen der Umgebung bekannt und wurden als Fluchtmöglichkeit bis in die moderne Zeit benutzt (beispielsweise durch die Résistance im Zweiten Weltkrieg).

Die Himmel nieseln. Die Weg nach oben ist feucht und glitschig. Mit FF 10 pro Person sind wir dabei. Die Grotten haben Juli / August ganztägig geöffnet. Die Besichtigung setzt Phantasie frei. In teils ausgemalten Räumen oder auf der 80stufigen Treppe versuchen wir uns vorzustellen, wie es sich da wohl leben läßt. Der Blick aus den "Fenstern" ist herrlich. Doch zieht es beträchtlich.

Wir fahren zurück zur D 978. Die gutausgebaute Straße führt durch die Couze de Pavin nach BESSE-en-Chandesse.

Der Original-Ganoven-Citroën

Längs unseres Weges bilden prachtvolle Felsen ein beachtliches Spalier. Winnetou, wo bist du? In BESSE erwartet uns eine im Mittelalter und heute wohlhabende Kleinstadt. Den Stadtkern schmücken Häuser aus der Renaissance. Falls Sie das hübsche Städtchen ansehen wollen, fahren Sie die D 978 (hier Rue de la Gazelle) in Richtung EGLISENEUVE bis links eine Sporthalle und Fußballplatz (stade) auftauchen. Davor befindet sich ein großer Parkplatz. Zum Stadtkern sind es noch 200 m. In BESSE und SUPERBESSE, der Retorten-Behausung für Wintersportler, sind jeweils von der Gemeinde Campingplätze eingerichtet.

Die nächste, landschaftliche Schönheit, die wir keinesfalls versäumen wollen und dürfen, ist der See Pavin (lac Pavin). Der See ist ausgeschildert. Wir landen auf einem mittelprächtigen Parkplatz am See. Sonderlich groß ist er nicht! Restaurant und Souvenirladen deuten untrüglich auf die Wichtigkeit der Stätte hin. Der erste Blick auf den See wirft uns ein bißchen um, im Positiven! Der See ist kreisrund. Ein Tannenwald windet einen bildschönen Kranz um das Gewässer. Diese Tannen und die steilen Uferhänge lassen den See dunkel und unheimlich erscheinen. Zur Geisterstunde in mondloser Nacht tauchen hochwahrscheinlich aus des Wassers Grunde Raben, Nixen, Hexen und der Teufel mit Schwanz und Pferdefuß persönlich auf und halten Rat, während die Nebel den See verhüllen. Der Mensch am Ufer vermag nichts zu schauen. Er hört nur Lachen, teuflisches Lachen.

Früher saß da einer mit Latein im Kopf und auf der Zunge. Er nannte die Schauerstätte "pavens", frei übertragen " der schreckliche Ort". Daraus ist das heutige Wort "Pavin" geworden. Warum nicht. Im Winter friert der See mitunter zu. Der Teufel und seine Paktgenossinnen - auch Genossen - bleiben unten. Aber der besagte Mensch, begibt er sich aufs Eis, kann die Stimmen, das Raunen und die Unruhe am Seegrund vernehmen.

Der See entstand durch einen Vulkanausbruch und hinterließ den Krater. Die Wasseroberfläche beträgt 44 Hektar und liegt auf 1.197 m Höhe. Die tiefste Stelle ist 92 m. Ein Rundwanderweg, markiert, führt in einer Stunde um den See herum. Falls schönes Wetter ist, empfiehlt sich ein Spaziergang auf den nahegelegenen Puy de Montchal, ein Vulkan natürlich. Andere Berge haben hierzulande eh nichts verloren. Der Weg ist nicht beschwerlich und führt, ausgehend vom Parkplatz mit Blick zum See, links am Seeufer vorbei. Der Weg ist markiert. Die Aussicht lohnt. Für Wanderung, Aussicht und Päuschen muß man 2 Stunden veranschlagen. Falls noch Zeit und Lust übrig sind, bietet sich für eine knappe Stunde ein Abstecher zur Erdspalte, creux de Soucy, an. Dabei auf Wegweiser auf dem Weg zum Montchal achten. Die Erdspalte befindet sich am Südhang des Vulkanes. Mitten im Wald stoßen wir auf sie. Das Loch ist ein tiefer Krater. In 20 m Tiefe gibt es einen unterirdischen See mit 13 Quadratmeter Oberfläche. Der soll 10 m tief sein. Über die Entstehung rätseln die Geologen. Aushilfsweise wird das Explosionsloch als Zweitkrater des Vulkans Montchal gehandelt. Das Loch wölbt sich unter der Öffnung noch beachtlich aus, daß die 13 Quadratmeter des Sees ihren Platz finden.

Die Gegend um BESSE und den Lac Pavin läßt sich auf zahlreichen markierten Wanderwegen und sogar auf einer Strecke für Mountain Bikes (vtt = vélo tout terrain) entdecken. Notwendige Karten sind kostenlos in Prospektform im Office du Tourisme in F 43 BESSE am Place du Dr. Pipel (Ortszentrum) erhältlich.

Nächstes Zwischenziel ist EGLISENEUVE auf der D 978. Danach richten sich unsere Blicke auf die Richtung CONDAT (D 678). Uns begleitet die Rhue, ein nettes Flüßchen, das wir noch auf der Rückfahrt näher kennenlernen. Bald erreichen wir CONDAT am Zusammenfluß der Rhue, des Bonjon und der Santoire. Das Städtchen verfügt über hübsche Hanglagen und einen Gemeindecamping. Wir nehmen weiter die D 679 nach ALLANCHES * MURAT. Die Strecke verläuft kurvig, teils sind verstreute Waldstücke im Blickfeld der Straße. Immer wieder durchfahren wir kleine Orte. Dabei sehen wir neben den offiziellen Geschwindigkeitsbesckränkungen oft private Hinweise, langsam zu fahren. Die Durchfahrten sind meist unübersichtlich.

Unterwegs tauchen bescheidene Rastplätze auf. Die Reisegeschwindigkeit beträgt 50-70 km/h. Am Horizont erkennen wir die Berge des Cantal, des ehemaligen Mammutvulkans der südlichen Auvergne. Alle dieses Berge waren einmal ein einziger Vulkan. Aus einem großen wurden etliche kleine. Wir passieren ALLANCHE, das inmitten einer bergigen Landschaft liegt. Nur 1.400 Einwohner leben hier. Sogar ein Campingplatz mit Baumbestand ist zu sehen. Im Ortskern sprudelt ein Brunnen an der rechten Straßenseite. Weiter auf der D 679 Richtung St. FLOUR * MURAT im felsigen Tal der Allanche. In Ste. ANASTASIE, 1o km nach ALLANCHE, erhebt sich ein typisch auvergnatischer Glockenturm mit seinen frei aufgehängten Glocken. Bald erreichen wir die N 122, die streckenweise als D 122 geführt wird. Das Tagesziel MURAT liegt in Reichweite.

Um auf den Gemeindecampingplatz zu gelangen, muß man durch MURAT Richtung AURILLAC fahren und 200 m vor der Ortsausfahrt nach links einbiegen (auf Ausschilderung achten). Vom Platz sehen wir zu einer Madonna hoch auf dem Berge. Davon in der Tagesfahrt 8.

Murat: Der Basaltfelsen Bonnevie mit Madonna

TAGESFAHRT 8 + 9

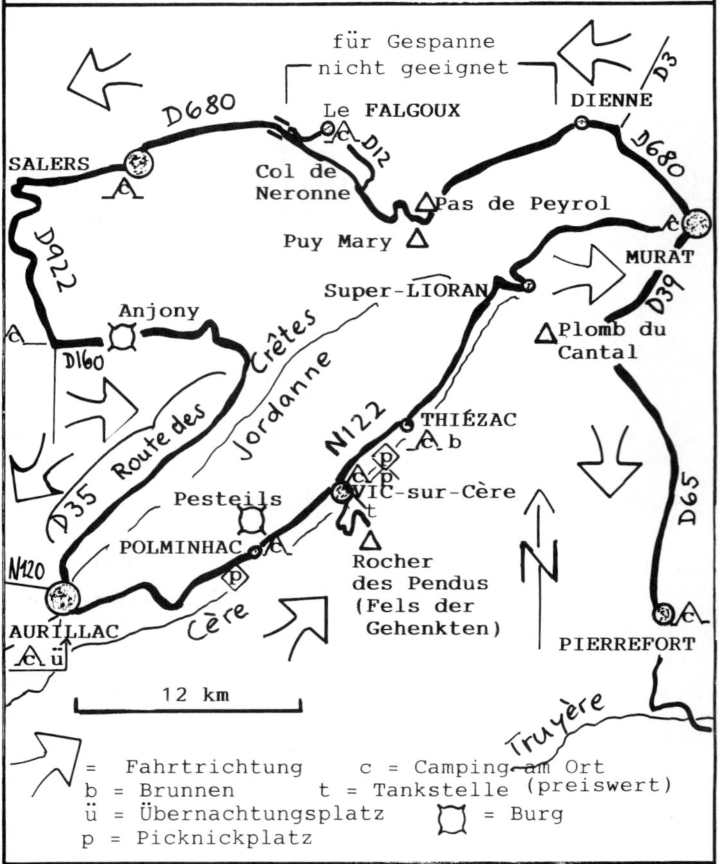

Tagesfahrt 8

MURAT - AURILLAC - (MURAT)

Variation für Womo [8 a]

Strecke:	DIENNE * PUY MARY * COL de NERONNE * SALERS * AURILLAC (bis COL de NERONNE für Gespanne gesperrt)
Entfernung:	100 km
Übernachten:	AURILLAC Camping oder aire de camping-car (Womo-Übernachtungsplatz)
Besichtigen:	Puy Mary, SALERS, route des crêtes (Bergkammstraße), AURILLAC

Variation für PKW ohne Wohnwagen [8 b]

Strecke:	DIENNE * PUY MARY * COL de NERONNE * SALERS * AURILLAC * VIC-sur-Cère * MURAT
Entfernung:	150 km
Besichtigen:	Puy Mary, SALERS, Burg Anjony, route des crêtes (Bergkammstraße), AURILLAC.Vic-sur-Cère, Plomb du Cantal (siehe Tagesfahrt 9)
Übernachten:	MURAT Camping

Die Tagesfahrt 8 wartet mit zwei Variationen auf: 8 a für Wohnmobile und 8 b für PKW ohne Wohnwagen. Der Grund liegt darin, daß die Strecke zwischen DIENNE und dem COL (Paß) de NERONNE für Gespanne gesperrt ist. Es hat keinen Sinn, dieses Sperrung zu ignorieren. Mit dem PKW ist die Rundstrecke MURAT - AURILLAC - MURAT zu schaffen. Natürlich kann man nicht alles ansehen, was im Angebot ist. Die Beschreibung für den Abschnitt AURILLAC - MURAT ist in die Tagesfahrt 9 eingegliedert.

Die Aufspaltung der Tagesfahrt 8 wirkt auf die Tagesfahrt 9. Diese reduziert sich für die Gespann-Fahrer um die Strecke AURILLAC - MURAT. Doch davon sprechen wir im nächsten Kapitel.

MURAT empfindet sich als Verkehrsmittelpunkt der oberen (südlichen) Auvergne und ist es auch. Drei Felsen überragen die knapp 2.000 Einwohner zählende Kleinstadt. Den schönsten Eindruck hinterläßt zweifellos der Basaltfelsen von Bonnevie. Er trägt die Statue der Maria der oberen Auvergne. Man kann den Felsen auf der Straße in Richtung RIOM-es-Montagne erreichen. Allerdings sind die Parkmöglichkeiten bescheiden. Man kann auch vom Campingplatz hochlaufen. Von oben haben wir einen schönen Ausblick auf die Stadt und zu den nahen Bergen des Cantal. MURAT hat ein gemütliches, provinzielles Zentrum mit einigen historischen, baulichen Kostbarkeiten. Dazu zählt Notre-Dame-des-Oliviers in spätgotischem Stil.

Der Basaltfelsen Bonnevie mit der Mariastatue liegt auf unserem Weg nach SALERS. 100 m vor der Ortsausfahrt auf der D 680 ist rechts ein Supermarkt Topco mit preiswerter Tankstelle und einem großen Parkplatz. Die Strecke führt über DIENNE und durch das idyllische Tal der Santoire. Hin und wieder werfen wir Blicke auf die arbeitende Landwirtschaft. Der

Der Puy Mary, kein leichter Brocken

Maschinenpark macht einen reichlich veralteten Eindruck. Die Betriebe wirken klein und wenig rentabel. So ist der Zorn der Bauern verständlich. Nach einer Fahrt durch ein beachtliches Berggelände erreichen wir den COL (Paß) de SERRES. Der Paß verfügt über mäßigen Parkraum. Restaurant und Souvenirgeschäft halten die touristische Konsum-Moral aufrecht. Der Blick in die Bergwelt und in das tief unten liegende Tal begeistert. Es hat keinen Sinn, nur davon zu schwärmen. Man muß so ein Tal, eine solche Bergwelt sehen und in sich aufnehmen.

Wir vesperten im Angesicht des Puy Mary, der mit seinen 1.780 m zwar jeden Alpenkletterer zu Lachanfällen bringt, aber ein machtvolles Stück Berg ist der Puy Mary allemal. Wir fahren rüber zum Pas de Peyrol, der 200 m unterhalb des Puy Mary liegt. Bei unserer Ankunft kommen wir in ein Verkehrschaos. Alle Welt besucht den Puy Mary. Im Unterschied zum Puy de Dôme ist der Parkraum sehr gering. Die Fahrzeuge stauen sich bergauf und bergab. Ein Bus hängt zwischendrin. Polizeibeamte in Bergstiefeln versuchen, etwas Ordnung reinzubringen. Alle Altersstufen bevölkern Berg und Paß. Die Gegend wimmelt von Turnschuhbergsteigern. Der Puy Mary ist mit seinen noch 200 Höhenmetern kein Problem, aber gutes Schuhwerk ist notwendig! Der Weg nach oben ist geröllartig. Auf- und Abstieg nehmen mehr als eine Stunde in Anspruch.

Die Fahrt (Richtung SALERS) bis zum COL de NERONNE erfordert Fingerspitzengefühl. Die Straße ist so eng, daß zwei Fahrzeuge nur mit Zentimeterabstand aneinander vorbeikommen. Man fährt im Blickkontakt mit dem Gegenüber und ab und zu entsteht ein kurzes und humorvolles Gespräch. Meistens regiert das Echoprinzip. Humor bewirkt Humor. Nur mit Humor läßt sich dieser Verkehr ertragen. Es gibt alle 300 m Ausweichmöglichkeiten, aber für weniger Fahrzeugverkehr. Der Beifahrer oder die Beifahrerin ist zu beneiden. Graben wir den alten Chauvi-Spruch aus, der besagt, daß ein Mann führt oder geführt wird. Lassen Sie sich führen und genießen Sie die Fahrt durch die Bergwelt. Von 1.500 m kommen wir so nach und nach in waldbewachsene Gefilde. Quellen, ausgetrocknete Wasserfällen begleiten unseren Weg. Nach 10 km erreichen wir mit dem COL de NERONNE eine Öffnung der Landschaft. Am Paß finden wir einen staubigen Parkplatz vor, kaum Schatten. Hinter Bäumen hält sich ein anmutiges Häuschen versteckt. Wir fahren weiter nach SALERS.

Bei Hitze und Rollsplit nähern wir uns SALERS. Ein mickriges Steinchen macht auf Selbstverwirklichung und erfüllt sich einen Lebenstraum. Es lacht den Hinterreifen eines Autos an, wirbelt hoch, gewinnt Richtung und - getroffen, klack. Die

Salers: Kathedrale

Windschutzscheibe hat einen Sprung, ein Sprüngchen noch. Das Steinchen läßt sich zu Boden fallen und ist´s zufrieden.

Auf der Brücke vor SALERS drängt sich die Parkplatzfrage auf. Nach links kostet´s. Nach rechts nicht. Nach einigen Metern finden wir unser Glück. Ich befühle sachte die Frontscheibe und beschließe, mich nicht aufzuregen.

Die ersten Schritte in SALERS klären, wo wir uns befinden. Das Städtchen ist ein Freilandmuseum für das Mittelalter ähnlich Rothenburg, nur nicht so groß. Alles erweckt den Eindruck, als wäre gestern das 13. oder 14. Jahrhundert zu Ende gegangen. Freilich ist auch die Moderne vertreten.

Boutiquen, Ramschläden, Restaurants mit Kreditkartenschildchen an der Türe und natürlich wir, die Touristen, um die sich offenbar alles dreht. Modernes Marketing dringt ans Ohr. Wie ein Supermarkt oder Kaufhaus wird das ganze Städtchen beschallt. Musik rieselt in die Sinne und den Verstand. Es fehlt lediglich der Einkaufswagen. Die Stadt ist aus schwarzem Lavagestein gebaut. Die Innenstadt sieht kein Auto. Im Zentrum finden wir die Grande-Place mit dem Denkmal von Tyssandier-d´Escous. Der Herr war kein Militär, nicht die Römer hat er geschlagen, nicht Napoleon bis nach St.Helena begleitet, noch war er ein Kämpfer der Résistance, ohne den die Amerikaner den Zweiten Weltkrieg (fast) verloren hätten.

Tyssandier-d´Escous hat sich um das Rindvieh verdient gemacht. Er ließ die Kühe der Region veredeln. So eredelte er eine Rasse von Kühen, die nach der Stadt SALERS benannt ist.

Wir gehen von der von Renaissance-Häusern umstellten Grande-Place zur Esplanade de Barrouze (ausgeschildert). Die Esplanade entpuppt sich als ein von Bäumen überwachsener Park. Das Grün gibt ein richtiges Dach unter dem es herrlich schattig ist. Am Eingang sprudelt ein Brünnlein und weckt Bedürfnis nach weiterer Abkühlung. Es ist mächtig heiß, und die Hitze geht einem so langsam auf den Geist, nachgerade wörtlich. Wir kühlen Arme und Füße (bzw Beine) in dem Brunnen und spazieren an den kleinen Schaufenstern vorbei. Dabei streifen wir das Haus der Tempelritter. Das sind die von den Jonasgrotten. Das Haus diente den Herren als Herberge auf ihrem Pilgerweg zum Grab des Heiligen Jakobus in Santiago de Compostela im Nordwesten Spaniens. Zu sehen ist keiner mehr. In dem Haus werden auvergnatische Zimmereinrichtungen gezeigt. Zu sehen ist auch, wie in alten Zeiten Käse hergestellt wurde. Interessant, aber wir kaufen unseren Käse im Supermarkt, zumindest den Eßbaren.

Irgendwie haben wir doch etwas gelernt. Zur Käseherstellung wird heute ein tiefer, kühler Keller benötigt. Die Formen, in der der SALERS-Käse fabriziert wird, fassen pro Exemplar 43 kg. Und für diese 43 kg müssen glückliche Kühe bis zu 400 Liter Milch beisteuern.

Wir gehen zum Auto zurück und fahren Richtung AURILLAC weiter. Am Ortsrand von SALERS, wer steht da mitten in der asphaltierten Prärie? Eine Muh, eine Kuh. Sie führt eine Bäuerin mit sich und gestattet ihr als Begleitperson die Départementstraße als Fußgängerzone zu nutzen. Bei vier Füßen braucht Kuh Platz. Wir geben uns tolerant wie üblich, wenn man mit seinem Kopf nicht durchkommt. Modische Angstgefühle schleichen sich nicht ein. Die Kuh trottet vorbei.

Die D 922 bringt uns anschließend recht flott voran. 15 km nach St. MARTIN-VALMEROUX, das wir nach SALERS passieren, zweigen wir links ab auf die D 160 nach TOURNEMIRE. Von dort stammte übrigens die schöne Marie-Angélique, die von der Maîtresse Ludwigs XIV. vergiftet wurde. Noch 6 km bis TOURNEMIRE und bis zur Burg Anjony. Wer irgendwann ein

Veste Anjony

früheres Leben als mutiger und gewalttätiger Raubritter zugebracht hat und sich dessen heimlich und sehnsuchtsvoll erinnert, der kommt jetzt wenigstens optisch auf seine Kosten. Von Ferne sehen wir die stolz und bedeutungsschwanger über dem Tal stehende Burg Anjony. Vier runde hohe Türme zeigen an, wer hier der Häuptling war. Die Außenmauern sind bis dicht unter den Kranz der Türme hochgezogen. Ein Bild für Rittergötter. Der alte Räuber taucht aus tiefer Seele auf. Er steht auf die Bremse wie weiland er die Zügel zog. Er ist begeistert. Doch dann verfällt er in Wehmut, ja Neid überkommt seine Gedanken. Was hatte denn er? Vergessenes, über viele Wiedergeburten verdrängtes Elend bricht auf. Eine müde, halbverfallene

Steinklitsche war die Seinige. Die Banken ließen nicht mal pfänden. Kein Feind fand es nötig, sie zu belagern. Pilger, Kleinhändler waren seine Kunden, die er mit viel Aufwand überfiel. Das Preis-Leistungsverhältnis wollte einfach nicht stimmen. Und das ging jahraus jahrein. Hätte er doch einmal etwas gedacht. Damals, als in der weiteren Umgebung ein ältliches Ritterfräulein erbte, eine Burg in bester Lage, schuldenfrei, mit schallgedämmtem Kerker und zwei fetten Kaufleuten darin, deren Lösegeld täglich wuchs. Aber es mußte die Kleine vom letzten Raubzug sein, hübsch und mittellos. Nun, unser armer Ex-Ritter behindert den Verkehr, startet und fährt aus unseren Augen.

Mittlerweile bewegen wir uns auf der D 60, in die wir nach links in Sichtweite und Richtung der Burg Anjony eingebogen sind. Nach 300 m ergibt sich einer günstiger Fotopunkt. Die Burg ist auf der Platte. So wie sie jetzt steht, wurde sie erst im 15. Jahrhundert gebaut. Von ihrer Vorgängerin ist bekannt, daß in deren Kerker während des Hundertjährigen Krieges (1338-1453) ein adliger Mordbrenner aufbewahrt wurde. Zum Zwecke der Aburteilung kam er nach Paris und wurde dort gevierteilt.

In TOURNEMIRE, das ist der kleine Ort unterhalb der Burg, stand noch eine Burg. Reste sind keine mehr vorhanden, nur Überlieferungen. Die Herren der Burg lebten in Feindschaft mit denen von Anjony, und das 300 Jahre lang. Es geht halt nichts über den Feind um die Ecke, den Feind zum Anfassen. Die Entfernung stellt keine Probleme wie beispielsweise bei den Kreuzzügen. Da mußte man monatelang mühselig reisen, bis man überhaupt mal einen bösen Feind zu Gesicht bekam und ihn als solchen behandeln konnte. Die Feindschaft Anjony

- Tournemire wurde 1643 mit einer Heirat der Erben der Streithähne beendet. Die Burg kann täglich besichtigt werden, gegen Eintritt.

Wir fahren auf der D 60 und erreichen bald die Kamm-Straße, die route des crêtes. Diese Straße führt uns bis AURILLAC. Die D 60 gibt den Kamm und uns an die D 35 ab. Von dort öffnet sich immer wieder ein schöner Blick auf das Tal der Jordanne und auf das Tal der anderen Seite, das der Authre. 17 km vor AURILLAC kommen wir an einer kleinen Raststätte vorbei. Die D 35 windet sich nach unten. Ab und zu zottelt ein Traktor vor uns her. Beiderseits der Straße sind Heuballen aufgeschichtet. Manchmal fährt ein riesiger Heuballen vor uns. Davor tuckert ein meist kleiner Traktor. Wenn man da die großen und neuen Apparate unserer Landwirte auf den Straßen sieht, da gibt es offenbar Unterschiede zu den Kollegen in der Auvergne. Die Sonne brennt und blendet. Alte Telegrafenmasten bringen Gemütlichkeit in die Landschaft. 5 km vor AURILLAC ist rechts ein netter Rastplatz. Die Entfernung zu wissen ist kein Problem. Am Straßenrand haben die Franzosen die gute Sitte der Kilometersteine bewahrt. Da sind alle Kilometer Steine aufgestellt und manchmal noch alle 100 m kleinere Steine dazwischen. Die Kilometrierung (herrliches Wort) geht zur nächstgrößeren Stadt. Zwischenzeitlich überholen wir einen Jogger. Der rennt bei der Hitze durch die Gegend. Wie fahren zur Jordanne hinunter. Das Tal ist breit geworden.

AURILLAC ist im Tal zu sehen. Am Stadtrand passieren wir ein lycée agricole, ein landwirtschaftliches Gymnasium mit Internat. Diese Schulen haben Ställe, Tiere, Gärtnereien etc und unterstehen dem Landwirtschaftsministerium. Kinder aus dem Département und der weiteren Umgebung können hier ihr Abitur machen. Der Internatsbetrieb ist für Frankreich wichtig. Die wesentlich dünnere Besiedlung - die Auvergne weist ein Fünftel unserer Siedlungsdichte auf - würde sonst diesen Schülern nicht erlauben, ein lycée zu besuchen. In der engeren Umgebung der Dörfer gibt es keine Gymnasien.

Wir nehmen den Weg zu “centre ville”. Nach der Brücke über die Jordanne führt links der Weg zum Gemeindecampingplatz. Halblinks bergauf weist ein Schild “aire de camping-cars” (Womo-Übernachtungsplatz) zu einem Platz in der Innenstadt. Dieser Platz grenzt an die Place du Champ de Foire. Hier werden offenbar Jahrmärkte abgehalten. Der Platz für Wohnmobile bietet Stellplätze für 12 Wohnwagen mit Wasser- und

Stadt	Land	Fluß	Tier	Pflanze	Name	Beruf	Punkte
Nürnberg 5	Norwegen 5	Nahe 10	Nashorn 10	Nesselblume 15	Nora 10	Nachtwächter 10	55
Hameln 10	Honkong Honduras 5	Havel 10	Hammel 10	Nelke Heckenrose	Helga	Hochspringer Heuer Handwerker 20	

Stadt	Land	Fluß	Tier	Pflanze	Name	Beruf	
10 Neapel	10 Nepal	10 Naab	Nasenb 10	Nelke 5	10 Norbert	—	55
10 Haage	5 Honduras	Haslach Horloff	10 Hase	Hundsveilchen	Helmut		

HANS-HELMUT TINKL
Wasserweg 2, Tel. 06039/7361
6367 KARBEN 1

Stromanschluß. Große, alte Bäume sorgen für Schatten. Der Platz ist frei zugänglich. Die Avenue du Pont Rouge trennt den Platz von der Jordanne. Die rote Brücke, pont rouge, führt schräg gegenüber des WOMO-Platzes über die Jordanne ins Zentrum. Von der roten Brücke haben wir den Blick auf die Schokoladenseite von AURILLAC. Der Blick erfaßt die Jordanne mit alten, malerischen Häusern.

Aurillac: Altstadt an der Jordanne

AURILLAC ist Sitz der Präfektur des Départements Cantal und verfügt über alle Einkaufsmöglichkeiten. Aus dieser Stadt zog im 10. Jahrhundert ein junger Mann namens Gerbert in die Fremde. Er besuchte arabische Universitäten in Spanien und studierte Mathematik. Die Araber waren wohl bis in die frühe Neuzeit wissenschaftlich den Europäern weit voraus. Gerbert erlangte den Ruf, ein großer Gelehrter zu sein. Der deutsche Kaiser Otto II., ein Sachse, holte ihn als Lehrer seines Sohnes an seinen Hof. Dieser wurde als Otto III. Kaiser und machte Gerbert 999 nach Christi zum Papst. Gerbert nannte sich fortan Sylvester II. und gab den Anstoß, die arabischen Ziffern im christlichen Abendland einzuführen. Die Gründungen der polnischen und ungarischen Kirche geschahen ebenso auf Initiative Sylvesters II.

Was AURILLAC sonst noch zu bieten hat, zeigt die Tagesfahrt 9.

Tagesfahrt 9

AURILLAC - MURAT - PIERREFORT

Strecke:	VIC-sur-Cère * MURAT * ALBEPIERRE * CEZENS * PIERREFORT
Entfernung:	80 km
Besichtigen:	VIC-sur-Cère, Plomb du Cantal
Übernachten:	PIERREFORT Campingplatz

Für WOMO-Fahrer beginnt die Tagesfahrt mit der Besichtigung von AURILLAC, und anschließend folgt die Weiterfahrt nach Vorschlag der Tagesfahrt 9.

Die PKW-Fahrer übernachten am Ende der Tagesfahrt 8 in MURAT. Sie stoßen ab MURAT auf die Strecke nach PIERREFORT. Die Tagesfahrt 9 für PKW-Fahrer, wieder mit Wohnwagen am Haken, beginnt in MURAT. Die Entfernung bis PIERREFORT beträgt 30 km.

Um Mißverständnisse gleich auszuschließen, alles sind nur Anregungen und Vorschläge.

Da wir in einer Vulkanlandschaft sind, schauen wir uns das musée des volcans an. Es hat in den Monaten Juli und August seine Pforten ganztägig geöffnet. Der Eintritt beträgt FF 10. Das Museum ist in einem Seitenflügel des Schlosses St. Etienne untergebracht. Das Schloß liegt 500 m nördlich des Pont Rouge. Das Museum gilt als ein wissenschaftliches Museum. Es beherbergt Fotos, Steinsammlungen, Dias und dokumentiert den Vulkanismus weltweit. Die südliche Auvergne mit dem Super-Vulkan Cantal ist ein Schwerpunkt natürlich. Dreimal täglich werden Filme gezeigt, allerdings in französischer Sprache. Wer sich für Geologie interessiert, und das sollte man sich zumindest so lange der Urlaub in der Auvergne dauert, hat auf jeden Fall etwas von dem Museumsbesuch. Vom Schloß sieht man auf das Tal der Jordanne. Für das Museum sollte man 1 Stunde veranschlagen. Nach dem Genuß der Wissenschaften schlendern wir durch die Altstadt. Dabei fallen uns die Basalthäuser mit ihren farbigen Fensterläden auf. Vielleicht könnte der eine oder andere Fensterladen aber dennoch Farbe verkraften. Einzelne Gebäude, so das

Rathaus, weisen Portale mit filigraner, feingliedriger Gotik auf. Am Maison Consulaire halten wir ein wenig. Das Renaissancegebäude steht 200 m nordwestlich des Pont Rouge. Das Haus der Konsuln, das waren im Spätmittelalter die Titel für die Ratsherren, bezeugt den bürgerlichen Stolz der Stadt. Es brannte Ende des 19. Jahrhunderts ziemlich aus. Die Stadt baute es wieder auf, und in dieser Schönheit steht es jetzt vor uns.

AURILLAC, der "Schlüssel des Cantal", hat 30.000 Einwohner und lebt vom Kleingewerbe und von mittelständischen Betrieben. Die Stadtverwaltung weist gerne auf die sportliche Palette hin. So finden sich hier und in der näheren Umgebung Reitclub, Golfanlagen, der Flugplatz von TRONQUIERE mit Flugzeug-Rundflügen, Ballonfahrten, Fallschirmabsprüngen und am Strand von OUIHLES und am Ufer des See´s von St.ETIENNE-de-Cantalès mit allen Wassersportarten. So nimmt es nicht Wunder, daß AURILLAC 1986 zur sportlichsten Stadt Frankreichs gewählt wurde.

Wir verlassen AURILLAC in Richtung CLERMONT-Fd., VIC-sur-Cère auf der N 122. Längs der N 122 gibt es fortlaufend nette Rastplätze. Die Hinweisschilder zu diesen Rastplätzen sind jeweils nur einmal, und wenige hundert Meter darauf erscheint der Rastplatz. Daneben tauchen noch andere Hinweisschilder auf. Ein Kreis mit einer Kuh in der Mitte, das sieht man auch nicht alle Tage. Unweit AURILLAC passieren wir POLMINAC. Die Häuser reihen sich weitgehend längs der Nationalstraße auf. Links oben steht auf einem Felsen die Burg der Pesteils. Das Gemäuer diente mal als Filmkulisse des Filmes "Die ewige Rückkehr". Ich kenne den Streifen nicht. In der Mitte der Durchfahrt des Ortes ist auf der rechten Seite ein Brunnen. Die Haltemöglichkeiten sind aber begrenzt. Die N 122 und wir setzen im Tal der Cère unsere Fahrt fort. Im Mittelalter waren die Täler und Hochflächen des Cantal weit mehr von Wald bedeckt als heute. Die Weidewirtschaft verwandelte den Cantal in ein Grasland. So sehen wir im Tal der Cère Wald und Wiese in ständiger Abwechslung und Vermischung. Infolgedessen begleiten uns ständig freundliche Kuhgesichter auf unserer Rundfahrt durch die Auvergne. Kühe und Vulkane, beides sind unentbehrliche, wirtschaftliche Grundlagen der Auvergne. In der Milchproduktion hat das Land infolge der Überkapazität der EG ohnehin zu kämpfen. Guter Käse wird in anderen Gegenden Frankreichs auch produziert. In der Normandie kennen wir den Käse ebenso als Säule der Wirtschaft, dazu kommt der Fisch und die touristische Vermarktung der alliierten Landung von 1944 als materielle Basis des Landes.

Zurück zum Tal der Cère. In der Nähe von VIC-sur-Cère soll im 16. Jahrhundert eine Kuh Hirt und Herde unerlaubt verlassen haben. Die Kühe und der Hirte ahnten einen Stier im Umkreis. Aber die gedachte Lösung war keine. Der Hirte suchte und entdeckte seine Kuh an einer Quelle. Die gab und gibt VIC-sur-Cère seine Zukunft. In gallorömischer Zeit labten sich die Zeitgenossen bereits daran. Die Römer hatten offensichtlich nichts anderes zu tun, als alle Heilquellen in Westeuropa ausfindig zu machen und ihre müde Knochen aufzupeppeln. Vielleicht waren sie von ihren Eroberungen so erschöpft und fertig. Von modernen Managern geht ja eine ähnliche Mär übers Land. Sie arbeiten wie besessen bis zum 50. Lebensjahr, machen sich dabei krank, und scheffeln so viel Geld, daß sie ab 50 die Versuche zur Wiederherstellung ihrer Gesundheit bezahlen können. Die salzhaltige Heilquelle wurde durch mehrere Erdrutsche verdeckt und durch die besagte Kuh wiedergefunden.

Anfang des 16. Jahrhunderts, bald nach Wiederbetrieb, kam die Quelle zu königlichen Ehren. Anna von Österreich, Ehefrau von Ludwig XIII., wurde und wurde nicht schwanger. Sie reiste nach VIC-sur-Cère. Nach einem Jahr kam, wie höfliche Chronisten vermerkten, der spätere Sonnenkönig Ludwig XIV. zur Welt. Wer denkt jetzt Schlechtes? In seinen Mannesjahren besann sich Ludwig XIV. auf VIC und ließ sich Fläschchen mit Heilwasser kommen.

Wir fahren durch VIC auf der N 122 und biegen nach der Ortsmitte beim Schild “Camping” nach rechts. Nach 200 m gehts es nach links zu einem Supermarkt Topco mit preiswerter Tankstelle. Hundert Meter weiter ist der städtische Campingplatz und gegenüber ein Picknickplatz (allées des Tilleuls). Zurück nicht zur N 122, sondern nach links Richtung CUREBOURSE. Dabei sehen wir links einen Markt. Bei der nächsten Kreuzung in VIC geht es links nach CUREBOURSE. Hier durchfahren wir ein herrliches, grünes Dach. An beiden Seiten stehen prachtvolle, alte Bäume. Achtung Kurgäste. Es ist zwar kein Schild zu sehen, aber Kurgäste überqueren recht ungezwungen die Straße. Sie sind in VIC zahlende Gäste, und wer zahlt, bestimmt. Wer nur durchfährt, muß sich danach wohl richten. Nach der Eisenbahnbrücke rechts und die erste Straße nach Ortsrand links. Die Abzweigung ist schlecht ausgeschildert.

Die Auffahrt zum Rocher des Pendus, dem Felsen der Gehenkten, führt streckenweise durch hübschen Laubwald. Auf dem Weg gehen viele Spaziergänger. Der Gehenktenfelsen ist das Standardziel für Spaziergänge von VIC aus. Auch Gruppen der nahegelegenen Ferienkolonie wandern am Straßenrand. Oben können wir gleich auf den Parkplatz eines Restaurants fahren. Zum Felsen sind es noch 10 min. zu gehen. Das Schönste lassen wir uns nicht entgehen. Die Aussicht in das Tal der Cère ist reizvoll. Gewiß, Aussichten gibt es in der Auvergne überreichlich, aber die Kunst ist es eben, den Überfluß zu genießen.

Im Restaurant werden Produkte der Auvergne angeboten. Da die Straße ab jetzt wieder bergab oder zumindest nicht höher geht, wird die Ecke selbstbewußt Paß (col) genannt. Wir drehen und fahren nach VIC zurück. Kurz vor der Cère-Brücke Richtung Bahnhof (gare SNCF) sehen wir noch die beiden geheizten Freibäder der Stadt. Wir biegen auf die N 122 nach rechts Richtung MURAT ein. Das Tal bietet weiter schmucke Bilder. Felsen, Waldstücke und Wiesengelände. Am Straßen-

Thiézac

rand sind aires de pique-nique (Rastplätze) eingerichtet. Einzelne machen einen verbrauchten Eindruck. Zehn Kilometer nach VIC halten wir. Am Sraßenrand ist ein großes, unbefestigtes Gelände mit einer erweiterten Imbißbude. Der Grund unseres Stopps liegt in der Sicht auf THIEZAC, ein mittelalterliches Dorf. Mittelpunkt ist die gotische Notre-Dame-de-Consolation, die Kirche der trostspendenden Maria. So häßlich augenblicklich der Platz ist, so anmutig wirkt THIEZAC. Wir fahren durch das Dorf. An der Hauptstraße fließt ein Brünnlein. Einkaufsmöglichkeiten, Camping zeigen von den Bemühungen der Gemeinde um Gäste.

Der Puy Griou, Mittelpunkt des ehemaligen Großvulkans Cantal

Die Weiterfahrt bringt uns den Puy Griou ins Blickfeld. Der Puy Griou, spitzaufragend, war einmal das Zentrum des Groß-vulkans Cantal. Alle andere Berge, der Puy Mary, der Plomb du Cantal etc gehörten dazu. Das war vor 2 bis 3 Millionen Jahren. Die Vulkanspitze erreichte 3.000 m, und die Lava verbreitete sich auf ein Gebiet von 70 km Durchmesser. Mit seinen zahlreichen Ausbruchsstellen, Kaminen genannt, heizte der auvergnatische Ätna recht kräftig.

Weiter durch das Tal der oberen Cère. Wir gelangen an die Abzweigung nach SUPER-LIORAN auf der D 67. Die Auffahrt kurvt am Talhang hinauf. Zwei Kilometer nach der Abzweigung erkennen wir rechts einer Linkskurve einen kleinen Parkplatz (Schild "belvédère"-Aussichtspunkt). Von dort genießen wir die weite Aussicht auf das Tal der Cère. In der Nähe entspringt dieser Fluß (Schild: "Font de la Cère"- Quelle der Cère). Der höchste Steinhaufen, den wir sehen, ist der Plomb du Cantal. Die Seilbahn ist leicht zu erkennen. Wir überqueren jetzt die Wasserscheide von Dordogne und Loire. Die Cère fließt zur Dordogne. SUPER-LIORAN ist wie der Vorspann "Super" ansagt, ein reines Retortengebilde für Wintersport. Sommer-touristen sind wenige da. Dennoch läuft der Betrieb bei der Seilbahn (téléférique) und den Restaurants etc. Die Fahrt zum Plomb kostet FF 30 pro Erwachsener und FF 19 für Kinder bis 16 Jahren (hin und zurück). Von der Seilbahnstation sind es noch 30 min. zu Fuß zum Gipfel. Der Plomb ist glatzköpfig. Von seinen 1. 855 m nagt die Erosion stetig Zentimeter um Zentime-ter ab. Im Nahbereich der Seilbahnstation sind große Park-plätze angelegt. An einem machen italienische Womo-Fahrer Rast. Unmittelbar an den Parkplatz reichen Wald und Wiesen heran. Da läßt sich gemütlich Pause machen.

Wir fahren auf einer bestens ausgebauten Straße - Winter-sport macht´s - möglich durch ein waldiges Tal nach MURAT. Mitten in der Sonnenglut arbeitet eine Straßenbaukolonne. Eine Wandergruppe einer Ferienkolonie kommt entgegen. In MURAT fahren wir nach ALBEPIERRE auf der D 39, dann über CEZENS auf der D 65 nach PIERREFORT (Campingplatz). Im alten Teil des Ortes steht auf einem schmalen Felsen eine Kirche, die Notre-Dame-de-Turlande. PIERREFORT liegt an der Grenze des Parc des Volcans, des Vulkannaturparks.

TAGESFAHRT 10 + 12

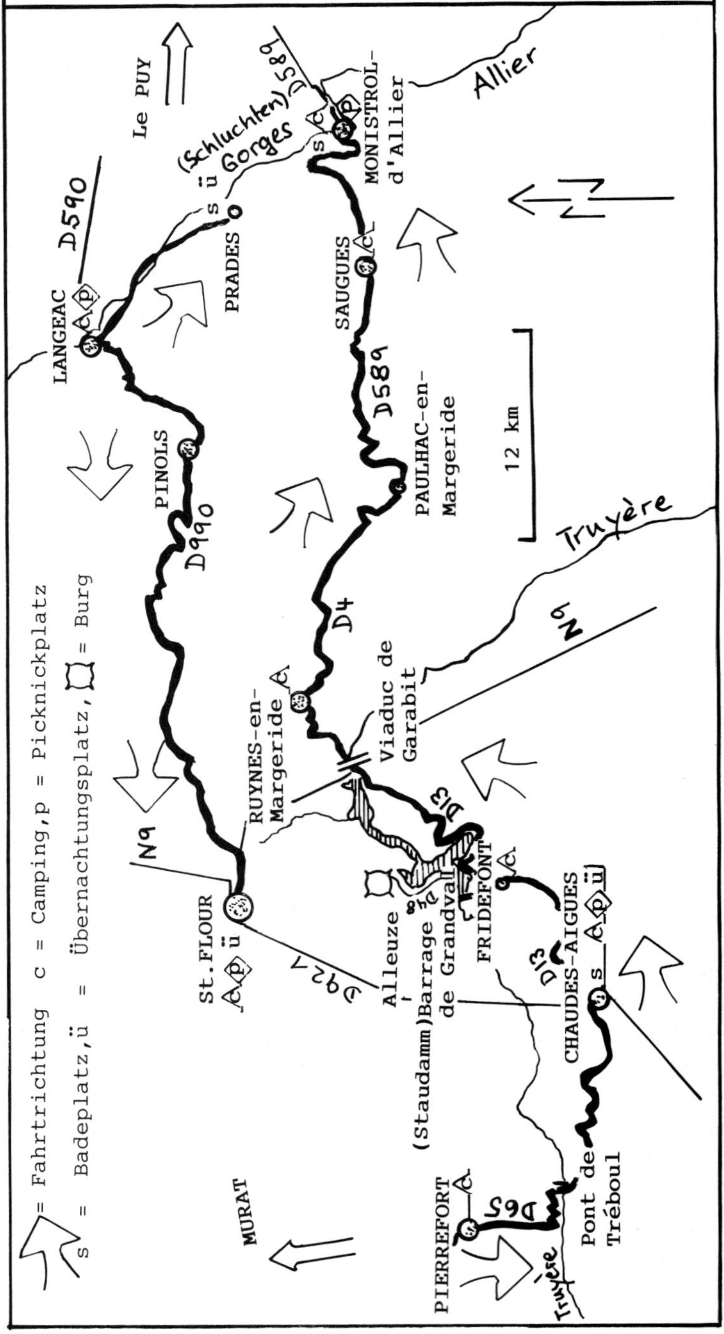

Tagesfahrt 10

PIERREFORT - MONISTROL d´Allier

Strecke:	Brücke (Pont) von Tréboul * CHAUDES-AIGUES * Viaduc de Garabit * RUYNES-en-Margeride * SAUGUES * MONISTROL d´Allier
Entfernung:	150 km
Besichtigen:	Pont du Tréboul, Staudamm von Grandval (barrage), Viaduc de Garabit
Übernachten:	MONISTROL d´Allier Campingplatz am Allier

Wir spazieren in PIERREFORT herum. Der Ort hat den kleinen Nachteil, daß seine Ureinwohner meinten, Berg und Tal, möglichst auf kleinstem Raum, seien chic. So spazieren wir hoch und runter. Wir starten in Richtung Pont du Tréboul. Diese Brücke führt über die Truyère und verteilt sich auf 170 km Länge und bringt ihr Wasser zur Garonne, die in den Atlantik mündet. Die Truyère wird mehrfach aufgestaut und zur Energiegewinnung genutzt. Unser Weg ist die D 65, die sich durch kleine Wäldchen schlängelt. Anheimelnde Baumtunnels wölben sich über die Straße. Allerdings muß man Zeit haben. Bei 40 - 60 km/h Reisegeschwindigkeit hat es sich meistens. Der Gegenverkehr beansprucht, daß man ihn ab und zu vorbeiläßt. Ein LKW im Anmarsch, und schon herrscht Einbahnverkehr. Für ein Womo ist fast jede irdische Begegnung mit Halt oder Vorbeischleichen verbunden. Wir schlängeln uns weiter im Tal der Vezou. Die Endungen der Namen auf “ou” zeigen, daß die Worte aus dem Okzitanischen kommen. Inmitten einer Straßenbaukolonne entdecken wir sogar eine Frau. Frauen im Straßenbau gelten gemeinhin als Errungenschaft des real existierten Sozialismus. Vermutlich hat sich das in Rußland inzwischen nicht geändert. Eine Jugendgruppe einer Ferienkolonie begegnet uns auf der Straße. Die 8 bis 14jährigen Jungs wirken recht stark mit Koppel, großem Messer und leichtem Gepäck. Ein Koppel ist für Nichteingeweihte kein Pferdestall, sondern ein Gürtel. Wobei ein Gürtel mit einem Koppel überhaupt nicht zu vergleichen ist. Einen Gürtel trug einst Salomé, leicht am Körper, um Leichtes zusammenzuhalten. Unvorstellbar, daß die schönste Blume des Morgenlandes dazu ein Koppel umgeschnallt hätte. Der Mann, der tausend Meilen zum Zigarettenautomaten geht oder am Fallschirm im Dschungel landet, oder beides, der Mann trägt ein Koppel. Mittlerweile taucht nach einer Linkskurve die Brücke von Tréboul auf.

Pont du Tréboul

Kurz vor der Brücke ist rechts ein kleiner Platz zum Halten und Fotografieren. Wir schauen uns die Hängebrücke an. Sie überspannt die aufgestaute Truyère. Sie ist 160 m lang. Brücken faszinieren. Sie machen den Menschen zum Herrn über die Tiefe. Schluchten, Täler, Abgründe verlieren ihre Schrekken. Ohne die Brücke sind sie zum Teil unüberwindbare Hindernisse, Grenzen, Ende der einen Welt. Im 14. Jahrhundert haben die Engländer während des Hundertjährigen Krieges hier eine Brücke gebaut. Sie liegt am Grund der gestauten Truyère, ebenso wie das Dorf Tréboul. Wir überfahren die nicht allzubreite Brücke und biegen links ab Richtung CHAUDES-AIGUES, heiße Quellen. Nach wenigen Kilometern wechseln wir das Ufer. Vor der kleinen Brücke, weniger spektakulär als die von Tréboul, halten wir unter einem großen Baum. Ein weiteres Auto steht da. Dazu kommt ein Angler. Er ist offenbar nicht sonderlich mit seinem Fang zufrieden. Doch er erlebt die Angelei als Zeit der Ruhe, Muße und Stille. Der ungefähr 45jährige kommt aus Lille in Nordfrankreich. Wir haben also nicht einen typischen Auvergnaten erwischt. Auf der D 11, das ist die Straße ab der Brücke, geht es bergauf. Wir verlassen das Tal der Truyère. Die D 11 zeigt bald links harte Felswand und rechts tiefe Aussichten ins Tal der Lévandes.

Einen Kilometer vor AUZOLLES ist rechts der Linkskurve ein kleiner Halteplatz. Von dort wächst ein Gefühl zum Abenteuer in uns auf. Schluchten, Tiefen, Felsen und weit unten die Lévandes. Das wilde Kurdistan ist bloß ein Kurpark dagegen. Deshalb aufpassen. Der Boden ist geröllartig und birgt Rutschgefahr Richtung Lévandes! Bis CHAUDES-AIGUES überqueren wir eine planèze, ein flaches Gelände aus Basalt. Ein trutziger Turm gerät ins Blickfeld. Der Zeuge mittelalterlicher Friedfertigkeit, Reste der Burg Couffour, thront über dem Tal Remontalou. Im Bannkreis des Turmes liegt ein Camping.

Wir stoßen auf die D 921, nach links geht es nach CHAUDES-AIGUES. Die Stadt ist Heilbad. In der Ortsmitte bemerken wir rechts einen Parkplatz. Er liegt an der D 921 (innerörtlich Avenue Dr. Mallet). Dort sind Toiletten, ein Brunnen und

Staudamm von Grandval

schattige Parkplätze. Ein beheiztes Freibad schließt sich an. Müßig zu erwähnen, daß schon zu römischer Zeit an diesem Ort gekurt wurde. Aus "Heißen Quellen" führt die N 122 ansteigend heraus. Nach der Ortsausfahrt zweigt rechts die D 13 Richtung Barrage (Staudamm) de Grandval, FRIDEFONT, Viaduc de Garabit ab.

Die D 13 kurvt durch eine bergige, bisweilen kahle oder nur karg grasbewachsene Landschaft. Kühe mit rosafarbener Haut liegen auf den Wiesen herum. Wir gehen mal an den Zaun und fotografieren die Kühe. Sie reagieren. Manche stehen auf und trotten an den Zaun, andere drehen nur den Kopf. Die Hochfläche erlaubt einen weiten Blick in die Umgebung. Es ist kühl. Unterwegs nach einigen Kilometern führt von der D 13 die D 40 nach FRIDEFONT und zum Staudamm (barrage) von Grandval nach links. FRIDEFONT ist ein Weiler (mit Camping) und wirkt reichlich verlassen.

Überall in Frankreich herrscht Landflucht und Überalterung der Dorfbevölkerung. Angesichts der Lebensansprüche der Mittel- und Westeuropäer entwickeln sich die Dörfer hinsichtlich ihrer Infrastruktur zu faktischen Kleinstädten - Kritiker sprechen dann von Zersiedlung der Landschaft - oder die junge Bevölkerung wandert ab. Während der Tour de France im Sommer 1991 interviewten die begleitenden Reporter Bewohner der im Banne der Tour-Strecke liegenden Dörfer. Dabei wurden den Fernsehzuschauern etliche Dörfer vorgeführt, wo praktisch nur noch eine Generation vertreten ist, die der Rentner und Pensionäre.

Kurz nach der Durchfahrt durch FRIDEFONT stehen wir auf dem Staudamm von Grandval. Die Truyère hat einen respektablen See geschaffen. Baden scheint nicht verboten zu sein. Aber das Ufer wirkt bröselig und steil. Für Nichtschwimmer heißt es, in geziemender Entfernung zum Wasser zu bleiben. Wir sehen niemanden im Wasser. Das mag auch an der Witterung liegen. Der Stausee ist an beiden Ufern von Wald eingebettet, der bis so 10 m ans Wasser heranreicht. Der eigentliche Uferbereich ist (noch) nicht begrünt und wirkt ungemütlich. Diese Uferlage beobachten wir immer wieder an der gestauten Truyère. Zur Weiterfahrt müssen wir zurück zur D 13 in Richtung Viaduc de Garabit. Nach 3 km liegt in einer rechten Haarnadelkurve ein Restaurant und gegenüber ein Parkplatz mit Aussicht auf die unten gestauten Truyère. Der Wirt hat als zusätzliche Attraktion einen US-Armeelaster aus dem Krieg hingestellt. Vielleicht hat sein Vater von dem Fahrer und Mitbefreier Frankreichs ein Autogramm bekommen.

Nach 300 m Weiterfahrt finden wir an der linken Straßenseite Parkplätze. Von dort kann man direkt an die Truyère gehen. Das Ufergelände ist eben, aber schattenlos und unbegrünt. Die D 13 schlängelt sich durch Fels- und Waldgebiet zur N 9/E 11. Wir überqueren die vorfahrtberechtigte N 9 zu einem Parkplatz und staunen, aber aus Gründen der Verkehrssicherheit erst am Parkplatz. Zunächst haben wir einen Staudamm. Das hatten wir bereits. Viel Wasser auf der einen Seite, wenig auf der anderen. An der mit wenig Wasser ragt in die Truyère eine alte Steinbrücke. Auf der anderen Seite spannt sich 123 m hoch über dem Tal auf 564 m Länge von Fels zu Fels eine Eisen-Brücke, der Viadukt von Garabit. Er ist praktisch ein waag-

Viadukt von Garabit

rechter Eiffelturm. Der gleiche Herr, der in Paris den nach ihm benannten Turm entworfen hatte, war geistiger Co-Vater dieser Eisenbahn-Brücke über die Truyère. Sie wurde von 1882 bis 1884 gebaut. 1889 wurde der Eiffel-Turm in Paris fertig. Insgesamt sind 1.350.000 kg Eisen verbaut worden. Da die Brücke nicht massiv, sondern durch viele Eisenstreben durchsichtig konstruiert ist, wirkt sie leicht und und luftig. Der Zug, der gerade drüberfährt, macht sich erstaunlich klein. Dieses Viadukt gehört selbstverständlich zum Pflichtprogramm.

Auf dem anderen Ufer der Truyère lädt ein Restaurant ein. An einer Anlegestelle liegt ein Passagierschiff. Dort kann man Boote ausleihen. Wir fahren auf dem Staudamm hinüber. Er ist Bestandteil der Nationalstraße 9. Am anderen Ufer setzt die D 13 rechtsabzweigend ihren Weg fort in Richtung RUYNES-en-Margeride. Margeride ist die Gegend, die uns jetzt aufnimmt. Wir durchstreifen ein Gebiet, in der in den Jahren 43/44 verstärkt die französische Résistance Anschläge auf Einheiten der Deutschen Wehrmacht verübt hatte. Zur Mahnung und Erinnerung an die recht hohen Verluste des französischen Widerstands stehen am Straßenrand wiederholt Steinkreuze oder Gedenksteine. Die Résistance hat ein Ehrenmal in der Nähe am Mont Mouchet aufgerichtet. In den Gemeinden und Städten werden in den Sommermonaten (da im Sommer 1944 die Deutsche Wehrmacht aus dieser Region abzog) kleine Feiern mit ehemaligen Widerstandskämpfern, Vertretern der Verwaltung und des Militärs an den in den Gemeinden angelegten Gedenkstätten abgehalten. Die alten Herrn sorgen sich dabei weniger, wenn man den Presseveröffentlichungen glaubt, um die Abwehr gegen die Deutschen, sondern um das Nichtvergessen ihres Einsatzes.

RUYNES-en-Margeride ist auf den ersten Blick ein abgelegenes Dorf. Näher betrachtet entdecken wir eine ganze Ansammlung von Ferienhäusern, Zweitwohnungen, und einen im Wald und am Waldrand angelegten Campingplatz. Die Hochfläche um RUYNES erinnert in ihrer Kargheit an die Schwäbische Alb. Wir wechseln auf die D 4 nach SAUGUES. Wenn Sie vor 250 Jahren vorbeigekommen wären, würde die Weiterfahrt zur Lebensgefahr. Falls jemand aus dem Verein der Spätlinge hier vorbeikommt, nicht ohne Polizeischutz weiterfahren! Die Spätlinge sind ein Verein in den USA, die alle Ereignisse erst lange Jahre nach deren Eintreffen zur Kenntnis nehmen (wollen) und sich erst dann darauf einstellen (wollen). Was machen diese Jungs wohl bei einer bis zur Scheidung durchlebten Ehegemeinschaft. Die praktizieren just dann die Hochzeitsnacht, wenn die beauftragten Rechtsanwälte in der heißesten Trennungsphase die ihnen auferlegten Bosheiten austauschen.

In der Umgebung von SAUGUES, dem Gévaudan, gibt es einen Verkehrsweg, der wird die “Straße der Bestie” genannt. Es fing im Sommer 1764 an. Innerhalb weniger Wochen wurden im Wald, auf Weg und Steg erwürgte und zerrissene Frauen und sehr junge Knaben tot aufgefunden. Einmal lag eine Frau erwürgt in ihrem eigenen Garten. Haben Sie sich schon mal umgeschaut, am Waldrand, am verlassenen Parkplatz, hinter Bäumen? Die Menschen der Zeit vermuteten zunächst, daß Wölfe diese Morde begangen haben. Die Wölfe gab es allenthalben. Doch ließen die den Menschen meist in Ruhe, wenn er ihnen nichts tat. Jäger entdeckten Spuren, größer als Wolfsspuren. Augenzeugen meldeten sich, oder nur Wichtigtuer. Rothaarig ist das Biest, ein schwarzer Streifen läuft über sein Rückgrat. Kurze, spitze Ohren hat es. Das Viech kann sich flach wie eine Katze niederstrecken, um sich dann

Die Bestie des Gévaudan

mit einem furchtbaren Satz auf sein Opfer zu stürzen. Sein langer Schwanz peitscht durch die Luft. Seine reißerischen Zähne können den Kopf eines Menschen im Zupacken in Stücke zerbeißen. Das waren die Aussagen der Menschen, und sie überzeugten sich und andere. Große Jagden veranstalteten Mutige und weniger Mutige. Anfang Oktober des Jahres 1764 hatten sie das Urviech gestellt, meinten sie. Dreimal trafen sie, dreimal brach das Schreckgetier zusammen, dreimal richtete es sich auf. Hatte das Viech doch den Wahlspruch seiner Ahnen vor seinen feurigen Augen wie eine flammende Schrift am hereinbrechenden Nachthimmel: Fallen ist keine Schande, aber Liegenbleiben! Die Bestie verschwand. Bis zum Winter mußten 74 Wölfe sterben, nur um den Jägern den Glauben zu vermitteln, das Untier getötet zu haben. Vergeblich. Die Zahl der blutig gemordeten Opfer wollte nicht abnehmen. Es kam Rettung, dachte man. Dragoner rückten an. Das hat was. Diese Herren leiteten den Namen ihrer Truppe von "dragon" - Drachen ab. Warum ist man auf diese reitenden Drachis nicht früher gekommen? Drache gegen Überwolf, das bringt Spannung. Wer da die Fernsehübertragungsrechte verscherbeln darf, der braucht nicht mehr zum Tennis zu gehen. Die Dragoner ritten, was die Gäule hergaben, sie jagten, schossen, kurz gesagt: der Weg war (ist) entscheidend, nicht das Ziel. Das Getier hatten sie nicht aufspüren können. Der Drache spie Feuer und trollte sich.

Wenn Mannes- und Kriegermut ins Leere stößt, dann schlägt die Stunde der Kirche. Überall im Gévaudan wurde zu Gebet aufgerufen. Doch das Elend hörte nicht auf.

Endlich war es soweit. Ein mutiger Schankwirt nahm sein Gewehr, der Priester weihte die Kugeln. Am 17. Juni 1767 stellte der Wirt das Schreckgetier und schoß es nieder. Es verendete. Gewalt und Weihe hatten es zur Strecke gebracht. Die Untaten hörten abrupt auf. Der Boden, der das Blut der Bestie aufnahm, war für Baum und Strauch verloren. Nichts wuchs mehr darauf.

Die Wahrheit ist jedoch noch lange nicht offenkundig. Zahllose Schreibkundige wälzten und wälzen Gedanken über die Bête du Gévaudan.

Wir fahren in das Département Haute Loire ein und halten in SAUGUES. Diese Städtchen ist nicht von schlechten Eltern. Ein Camping, ein geheiztes Hallenbad (für den Winter), ein überwachter Badesee mit 800 qm, ein 2 ha großer See zum Surfen und zahlreiche markierte Wanderwege finden sich hier und in der näheren Umgebung. Die Innenstadt wirkt angenehm provinziell und hat jeden Freitagvormittag Markt. Da werden regionale Erzeugnisse angeboten: Käse, Butter, Honig, Sirup, sogar Heilkräuter, Waldbeeren (Himbeeren, Heidelbeeren, etc), Wurstwaren, auch Gänseleberpastete sind zu kaufen.

Wir fahren weiter nach MONISTROL d´Allier. Am Ortsende von SAUGUES grüßt noch die Statue der Notre Dame d´Estours. Auf der D 589 rollen wir zum Allier hinunter. Links und rechts werden die Felsen immer höher und unser Verdacht, daß da irgendwo der wilde Stamm der Sioux seine Pfeile spitzt, verstärkt sich. Unbegründet, wie wir bald bemerken. MONISTROL d´Allier drückt sich mit ein paar Häusern und 350 Einwohnern in das enge Allier-Tal. Eine alte Eisenbrücke bringt uns über den Fluß. Nach ca 300 m Ortsdurchfahrt geht es rechts zum Badestrand und 200 m weiter liegt der kleine Campingplatz.

Vor dem Baden im Allier wird aus berufenem und unberufenem Munde gewarnt. Dies soll hier so wiedergegeben werden. Wir erlebten den Badestrand in MONISTROL und in PRADES (s. Tagesfahrt 12) recht bevölkert und einige gingen ins Wasser. Wir auch. Aber die Strömung ist nicht ohne!!

Tagesfahrt 11

MONISTROL d´Allier - LANGEAC

Strecke:	MONISTROL d´Allier * Le PUY * LANGEAC
Entfernung:	60 km
Besichtigen:	Le PUY-en-Velay
Übernachten:	LANGEAC Campingplatz am Allier

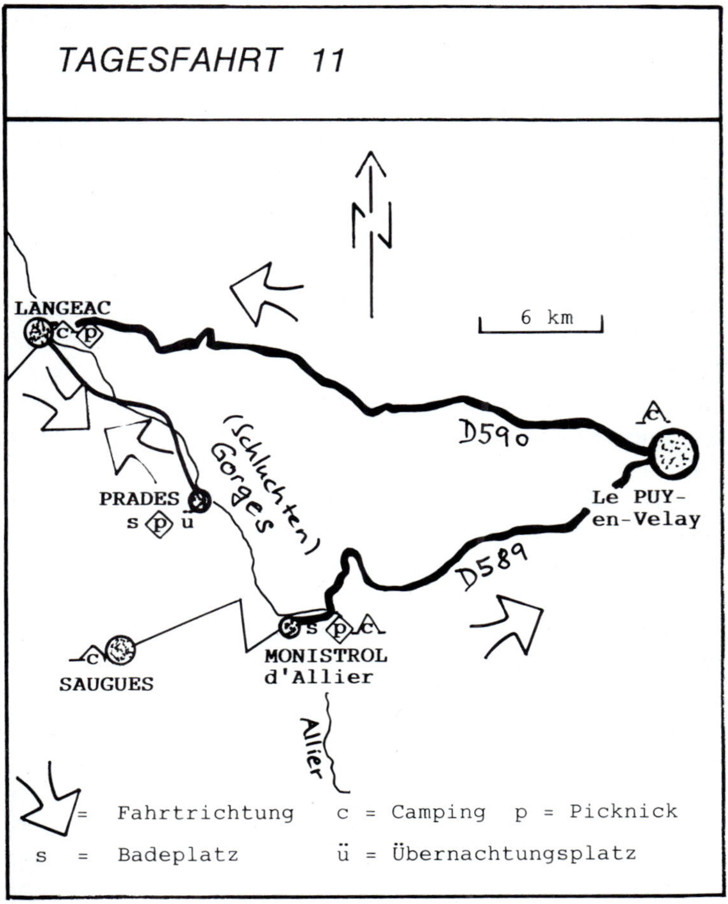

Eisenbrücke von Monistrol

Wir kommen auf der D 589 nach Le PUY und fahren in Le PUY Richtung BRIOUDE * CLERMONT-Fd. nach links in den Boulevard Carnot am Turm Pannessac vorbei, der rechts auftaucht. Der Boulevard zerschneidet einen großen Platz, die Place St. Laurent. An dessen nördlichem Ende (bergabwärts) ist ein WC-Häuschen mit Wasserstelle. Wir parken hier und gehen den Boulevard Carnot wieder zurück, hinauf bis zur Avenue de la Cathédrale, in die wir nach links einbiegen. Und hier bleiben wir für einige Momente stehen. Uns zeigt sich die Schokoladenseite von Le PUY: die Vorderfront der Kathedrale. Dieses Bild steht mit den klassischen Bildern wie Eiffelturm, Big Ben, Brandenburger Tor in fast der gleichen Reihe. Viele tausende Pilger erlebten und erlitten diese Ansicht der Kathedrale auf ihrem Weg nach Spanien zum Grab des Heiligen Jakob in Santiago de Compostela. Für diese Menschen war Le PUY eine Art Mekka, vielleicht "Zwischenmekka", ein Höhepunkt in ihrem selbstempfundenen, irdischen Leidensweg. Der Anblick der Kathedrale sollte für Mühsal und Opfer entlohnen und tat es auch.

Zwei großartige Portale schauen über eine 50stufige Treppe, die sich in eine steil ansteigende Gasse, in die Avenue de la Cathédrale verlängert und da den Pilger erreicht. Über diesen Weg fordert die herrschende Westfassade Demut und Bewunderung gleichzeitig. Der mittelalterliche Pilger macht sich durch seine Unterwerfung zum Teil dieser Macht. Die Avenue führt ihn durch das Eingangsportal weiter hinauf über 70 Stufen in das Innere des großen Hauses. Eine mächtige Inszenierung des Glaubens. Allerdings war die Kirche ihren Pilgern schuldig, Glauben sinnlich zu vermitteln. Der steinerne Priester, die kündende Kathedrale aus dem 13. Jahrhundert

Priester auf Wallfahrt

war Streiter des Glaubens. Sie wurde als Festung ausgebaut. Wir gehen gemächlich den Weg zur Kathedrale über den jahrtausendalten Pilgerpfad. Romanik mit arabischen Einflüssen begrüßt uns. Mitten in der Sommerhitze kommen uns zwei junge Priester oder Mönche in voller, schwarzer Kluft entgegen. Sie tragen leichte, farbenfrohe Rucksäcke. Wir versuchen, sie rasch auf die Platte zu bannen. Dann erreicht uns das Management des Fremdenverkehrs.

Die Frauen von Le PUY haben früher ihr Geld mit der

Die Klöpplerin vor Notre-Dame

Herstellung von Klöppelwaren verdient, - ähnlich den Klöpplerinnen im Erzgebirge und in der Lausitz. Eine Fachschule setzt in der Stadt diese Tradition fort. An der Gasse zur Kathedrale sitzen zu beiden Seiten junge Klöpplerinnen in ansehnlicher, sommerlicher Aufmachung. Sie haben das Klöpplerhandwerkszeug vor sich und führen werbewirksam ihre Künste vor. Dabei funktioniert ihre Präsentation im Schichtdienst. Geht eine weg, setzt sich die Nächste sofort und macht weiter. Wie ein Jongleur geht die hübsche Jungklöpplerin mit den hölzernen Schwengeln um. Die Stäbe hängen an Fäden. Während die zehn Klöppel zwischen den Fingern gedreht und gewendet

Ihre Majestät die Kathedrale

werden, spricht die Kennerin von Netz- und Leinenschlägen, von Löcher- und Gimpenschlägen.

Der Blick der jungen Dame ist fest auf den Klöppelbrief gerichtet, auf das gezeichnete Muster, das über das Klöppelkissen gespannt ist und die spätere Form bereits erahnen läßt. Sie schaut ab und zu kurz auf, unterbricht und erklärt den umstehenden Touristinnen das ganze Verfahren. Fehler lassen sich beim “Abklöppeln” nicht vermeiden. Aber das gilt als kreative Weiterentwicklung. Ursprünglich war es dem Adel vorbehalten, die spitzenbesetzte Kleider zu tragen. Als im letzten Jahrhundert die Spitzen die bürgerliche Mode erfaßten, in Nachahmung des Adels, wurde eine “Massen”-ware daraus. Das bedeutete Verdienst für viele Heimarbeiterinnen. Natürlich ist in den angrenzenden Geschäften zu Genüge Klöppelware angeboten.

Der Aufstieg bringt uns in den Kirchenraum. Dunkelheit empfängt den Besucher. Musik berieselt den Innenraum und schafft eine feinfühlige Atmosphäre inmitten von kräftigen Säulen und Mauern. Die Besucher erwecken den Eindruck interessierter Langeweile. Die Kirche wird nicht erlebt, sondern konsumiert. Die steinerne Mächtigkeit steht in Kontrast zu den sommerlich leicht gewandeten Touristen. Wir gehen zur Schatzkammer. Dort befindet sich neben anderen Kostbarkeiten die Theodulffibel aus dem 9. Jahrhundert, griffiger auch die Bibel Karls des Großen genannt. Wir verlassen die Kirche. Durch einen Hof gelangen wir zur Chapelle des Pénitents aus dem 16. Jahrhundert. Gerade wird im Innern Staub gewischt. In unmittelbarer Nähe geht es - gegen Entgelt - hoch zur roten Madonna über die Rue du Rocher, der Felsstraße. Die Dame steht 755 m über dem Meer und 130 m über Le PUY. Der Felsen gilt als Teil eines Vulkans selbstverständlich. Der Kamin, die Mitte dieses Vulkans, ist der benachbarte Rocher d´Aiguilhe. Seit 1860 krönt die rote Dame den Felsen. Napoleon III. machte es möglich, in jeder Hinsicht. Der eitle und geltungssüchtige Neffe des Rentners von St. Helena half den Briten im Krieg gegen Rußland 1853-56 (Krimkrieg). Die Russen wollten an den Bosporus und ins Mittelmeer vorstoßen, trieben die Türken vor sich her. Die Briten sahen das Glück der Menschheit und ihre Vorherrschaft im Mittelmeer bedroht. Napoleon diente sich an, und man belagerte die russische Festung Sewastopol auf der Krim. Dabei kamen mehr Soldaten durch Krankheit und Seuche um als durch Kampfhandlungen. Das Zarenreich verlor den Kampf um Sewastopol, und so kam Napoleon zu russischen Kanonen. Insgesamt 213 Stück wurden umgeschmolzen und als Madonna mit 22 m Größe auf den Felsen in

Madonna aus russischen Kanonen

Le PUY gestellt. Später nannten die Franzosen eine Metro-Station in Paris "Sewastopol".

Jetzt fehlt noch die Chapelle St. Michel-d´Aguilhe in unserer Besuchsrunde. Der Weg zu der Felsnadel ist ausgeschildert. Unterwegs begegnen uns Schwestern in Tracht und Begleitung von Priestern. Auf einem schattigen Platz spielt eine Jugendgruppe Faul-Ei. Der Leiter der Gruppe, ein Priester sitzt ziemlich erschöpft daneben. Wir stoßen auf ein Kriegerdenkmal aus der Zeit nach dem 1. Weltkrieg. Die kleinen Kanonen sind, wer weiß warum, auf Sankt Michael auf der Felsnadel gerichtet. Das Kopfsteinpflaster ist frisch hergerichtet. Der Aufstieg zu St. Michel ist kostenpflichtig. In den Gassen laden südländisch anmutende Cafés ein. Wir lassen uns nieder und genießen das Flair der engen Gassen mit Blick auf die Felsnadel. Dann überschreiten wir eine am Fuße der Nadel vorbeilaufende Durchgangsstraße hinüber zum (geschlossenen) Hallenbad. Daran schließt sich ein kleiner Park und Campingplatz an. Boule wird gespielt und Kinder springen herum. Wir spazieren durch den Park und gelangen zu dem Boulevard Docteur André Chantemesse. Rechts führt der Boulevard über eine kleine Brücke (Richtung BRIOUDE).

Diese Brücke ist der Fotopunkt, von dem sich alle drei Wahrzeichen der Stadt, die Kathedrale, die Kanonenmarie und die Felsnadel als Panorama aufnehmen lassen. Sankt Michael hatte übrigens einen römischen Vorgänger. An seiner Stelle stand ein Tempel, der - wie die Tempelanlage auf dem Puy de Dôme - dem Gott Merkur geweiht war.

Das Le PUY des 19. Jahrhunderts gruppiert sich um die Place du Breuil. Dorthin gehen wir vom Boulevard Chantemesse stadteinwärts Richtung Tour (Turm) Pannessac, den wir bei unserer Ankunft schon sahen. Unterwegs bemüht sich der bronzene Lafayette zu beeindrucken. Lafayette entstammt der näheren Umgebung. Er half den Amerikanern im 18. Jahrhundert bei ihrem Kampf um ihre Unabhängigkeit gegen die Engländer, die deutsche Regimenter mieteten und nach Amerika schickten. Ein trübes Kapitel der hessischen und teils auch württembergischen Geschichte. Die Franzosen unterstützten auch sonst die US-Freiheitskämpfer und stifteten ihnen die Freiheitsstatue vor New York.

Während den Anfängen der Französischen Revolution von 1789 kehrte Lafayette zurück und befehligte die revolutionäre Nationalgarde, einen wüsten Haufen, gegen Kirche, Adel und König. Dafür steht der Held auf dem Sockel. Die deutsche Besatzung brachte 1943 dem Denkmal und der Résistance lokalen Ruhm. Um den Endsieg zu sichern, wollten die Deutschen den Lafayette einschmelzen. Das veranlaßte einzelne Résistancemannen zu Höchstleistungen. Sie karrten bei Nacht und sicher auch Nebel die Denkmalfigur unauffindbar für die deutsche Besatzungsmacht in eine Scheune. 1946 wurde er wieder herausgeholt und aufgestellt.

In Verlängerung des Boulevard Carnot verläuft der Boulevard St. Louis. Über ihn kommen wir zur Place du Breuil. Das ist das Geschäftszentrum von Le PUY. Die Fußgängerampel hat für Blinde sogar eine Melodie als akustisches Zeichen für Grün. Le PUY hat 30.000 Einwohner und ist Verwaltungssitz des Département Haute-Loire. Seine deutsche Partnerstadt ist MESCHEDE in Nordrhein-Westfalen.

Le PUY nach einigen Stunden zu verlassen, löst ein klein wenig ein schlechtes Gewissen aus. Diese Stadt ist in ihrer Baulichkeit und Geschichte einzigartig in Frankreich. Allein das Panorama der drei Felsen mit Bebauung verdient, immer wieder angesehen zu werden. Wir haben nicht alles gesehen. Die Klosteranlagen haben wir ausgelassen. Der Teil muß das Ganze vertreten. Wir fahren am Lafayette vorbei Richtung

LANGEAC * St. FLOUR zur Avenue du Puy, die uns zur D 590 bringt.

Doch vor dem Preis der Schweiß. Vor uns hält ein Müllauto. Und da wird alles aufgeladen. Die Mülleimer sind völlig uneinheitlich, viele offen. Der Gestank und der Alltag, der Stau, wir sind in Sekunden von allen erhabenen Gedanken befreit. Die Gegensätze machen den Reiz und die Abwechslung.

Einkaufsstraße in Langeac

Die D 590 bis LANGEAC ist landschaftlich anregend. Mit LANGEAC erreichen wir die Ausläufer der Schluchten des ALLIER. Die Kleinstadt zählt knapp 5.000 Einwohner und gibt für die nähere Umgebung ein kulturelles und wirtschaftliches Zentrum ab. Zahlreiche Geschäfte und Cafés vermitteln das schöne Gefühl, gefragt zu sein und auf das Geldausgeben nicht verzichten zu müssen. Während wir so abendlich herumbummeln, verspüren wir den Reiz einer kleinen Stadt, die keine bedeutende Geschichte, keine örtliche Sensationen, keinen Fußabdruck Karls des Großen oder Hannibals vorweisen kann. Wir fühlen uns frei, wir müssen nichts unbedingt besichtigen, wir können ungehindert Postkarten studieren, Passanten mustern.

Der Campingplatz liegt schön am Allier, an die Stadt angelehnt. Wir sitzen noch einige Zeit vor dem Wohnwagen. Der abendliche Spaziergang wirkt. Eine innere Ruhe kehrt ein. Wir freuen uns auf die Badefahrt nach PRADES am Allier. Das Wetter verspricht, gut zu bleiben. Die Tagesfahrt 12 wird es zeigen.

Tagesfahrt 12

LANGEAC - St. FLOUR

(Karte s. Tagesfahrt 10)

Strecke:	LANGEAC * PRADES * LANGEAC * St. FLOUR
Entfernung:	80 km
Besichtigen:	Gorges (Schluchten) de l´Allier bei PRADES, St. FLOUR
Übernachten:	St. FLOUR Campingplatz oder Parkplatz am Rande der Altstadt von St. FLOUR

Ein kleiner Badeausflug in die Schluchten des Allier kommt bei der Hitze gerade recht. So geht es auf die D 48 nach PRADES. Das Tal des Allier verengt sich zusehends. Kurz vor PRADES steht wie eine Einsiedlerin eine kleine, romanische Kirche auf einem Basaltfelsen im Tal. Das Bauwerk entstammt dem 12. Jahrhundert und wurde im 19. Jahrhundert restauriert. Eine schmale Eisenbrücke bringt uns auf das linke Allierufer. Mit einigen Spaziergängern teilen wir uns die Brücke. Das Tal veredelt sich immer mehr zu ein Fluß-Fels Duett. Von dem Felsen gähnt ab und zu ein verwitterter Höhlenschlund ins Tal.

Längs des Weges sind Zufahrten zum Ufer des Allier angelegt. Da finden bis zu 3 Autos maximal Platz. Diese Landeplätze werden vor allem von den Wassersportlern genutzt. Kajakfahrer und neuerdings Rafting-Sportler toben sich auf den wilden Wassern des Allier zwischen MONISTROL und LANGEAC aus. Wenn es schönes Wetter ist, und der Allier genügend Wasser führt, dann hat es was, das Rafting. In Schlauchbooten mit Schwimmweste und Helm rauschen so sechs bis acht Mann/Frau im Boot den Allier hinunter. Wenn mehrere Boote im Konvoi fahren, dann ist es aus mit der Ruhe im Tal. Toll muß es allerdings sein. Denn die Flußfahrt bietet die einzige Möglichkeit, die Schluchten direkt zu erleben. Die Straße von PRADES bis MONISTROL führt hoch über dem Gewässer und gewährt nur ab und zu einen Blick in die Tiefe des engen Felstales. Dieser Weg ist für Gespanne sehr ungünstig und der Abschnitt in MONISTROL für Gespanne gesperrt.

Schluchten des Allier

Die Bahn schlängelt sich in mittlerer Höhe den Fluß entlang. Aber das ist nur die halbe Miete.

Mit PRADES treffen wir auf ein winziges Dörfchen mit knapp über 100 Einwohnern. Aber diese Zahl täuscht. Zu den 100 Pradois gesellen sich im Sommer noch ein paar Auswärtige. Einheimische und Gäste sind leicht voneinander zu unterscheiden. Das romanische Kirchlein im Dorf bietet Fresken. Wir gehen direkt zum Strand. Da sind wir nicht die einzigen. Das Ufer liegt herrlich. Das Gegenüber ist hoher Fels, auf unserer Seite flacher Sandstrand. Dazwischen rauschen die Wasser des Allier. Bei Regenmangel werden die Rauscher schwach und schwindsüchtig. Gegen die kaum drohende Einsamkeit helfen andere Badegäste und vorbeiplatschende Raftinger. Der Strand ist mit Toilette und Wasserstelle ausgestattet.

Nach gebührender, sportlicher Aktivität ziehen wir weiter und zurück nach LANGEAC. Die Frauen dieses Ortes sollen zu Zeiten der Französischen Revolution von 1789 den Ruf genossen haben, zu Fremden besonders aufmerksam gewesen zu sein. Doch das hat sich gegeben, wenn der Schein nicht trügt.

Nach St. FLOUR ist es nicht allzuweit. Fahrzeit 1 Stunde. Mit einer Reisegeschwindigkeit von 50/60 km/h. Am Horizont ragen die Berges des Cantal empor und ziehen den Blick auf sich. In PINOL, ein kleiner Ort am Wege, gondeln wir über die ländlich sittliche Dorfstraße. Bistrots und Menschen in nicht durchgestyltem outfit verleihen dem Ort den Charakter des eigentlichen Frankreichs, de la France profonde. In solchen Orten wohnt und trifft sich der typischere Franzose als in dem Völkergemisch PARIS. Nicht zu vergessen, auch PINOL bietet einen Campingplatz an.

Schöne, alte Bäume weisen die Richtung. In den 60er Jahren hätten wir noch die Nase gerümpft. Wer also nicht ständig hinter dem Zeitgeist herhechelt, der trifft ihn von alleine, zumindest, wenn man die Irrtümer und Auswüchse ausgelassen hat. Werfen wir einen Blick auf die sauber angestrichenen Kilometersteine. Alle hundert Meter steht da so ein kleiner weißer Zwerg, und alle Kilometer haben die Zwerge an dieser Straße ein rotes Käppi auf, bei Départementstraßen ein gelbes. Eine Riege Mopedfahrer tummelt vor uns herum. Aber Überraschung, Überraschung: die Jungs geben den Weg mit freundlichem Überholzeichen frei. Die hügeligen Wiesen und Getreidefelder tauschen sich beständig die Plätze mit kleineren Waldstücken oder einzelnen Weilern. Die Auvergne ist Landschaft, viel Landschaft.

Kurz vor St. FLOUR kommen wir auf die Nationalstraße N 9, die gleichzeitig die Europastraße E 11 ist. St. FLOUR empfängt uns von seiner stolzesten Seite. Vor uns erhebt sich auf einem Felsen die Oberstadt (la ville haute) mit der doppeltürmigen Kathedrale. Ein weiterer guter Fotopunkt ist nur längs der Zufahrt zur Autobahn A 75. Also jetzt bei der Einfahrt auf der N 9 oder bei dem Autobahnzubringer fotografieren. Im Tal vor der Oberstadt macht sich die Ansiedlung gewöhnlich aus. Zur Ville Haute geht es Richtung AURILLAC. Bei der Auffahrt kann es passieren, wenn man defensiv fährt, daß irgendein Einheimischer überholt. Oben angekommen, fahren wir am Kreisel an der Gegenseite wieder heraus. Zu beiden Seiten sind große Parkflächen angelegt. In Richtung der Altstadt finden wir Brunnen und eine (geschlossene) Toilette am Rande des Parkplatzes. Der Parkplatz könnte als Übernachtungsplatz dienen. Besonders ruhig ist er jedoch nicht. St. FLOUR hat gallische

An der Kathedrale von St. Flour

In der Oberstadt von St. Flour

und gallorömische Ursprünge. Bei diesem herausragenden Basaltfelsen versteht sich das fast von selbst. Sein Namenspatron Florus, später der heilige Florus, hat im 4. Jahrhundert die südliche Auvergne missioniert. Die große Kathedrale beherbergt sein Grab und ein Fenster stellt bildhaft seinen -zurechtstylisierten - Werdegang dar.

Die Aufwärtsentwicklung der kargen Besiedlung trat im 11. Jahrhundert ein. Mönche kamen aus dem burgundischen Reformkloster CLUNY. "Geben ist seliger, denn nehmen". Propagierten die frommen Herren. Ein adliger, nicht unvermögender Sünder, der Graf Amblard d´Apchon, fühlte sich angesprochen. Der Bösewicht hatte einer Nonne Sittenwidriges angetan und ein Verwandtenproblem mit Totschlag gelöst. Das war der Mann der Mönche. Sie ließen sich das Gebiet um das heutige St. FLOUR übereignen. Darauf wurde ein Kloster errichtet. Um dieses Kloster herum entwickelte sich die Stadt. Im Laufe der Jahrhunderte erwiesen sich die Stadtmauern als voll belastbar. St. FLOUR wurde niemals erobert.

Im 18. Jahrhundert kam ein Bürger von St. FLOUR zu Dichterruhm, Buirette de Belloy. Er soll sogar Voltaire begeistert haben. Aus einem Gedicht des 13. Jahrhunderts entnahm Belloy den Stoff für ein Theaterstück. Dort nahm der Ehemann der Gräfin Gabrielle de Vergy den Liebhaber und Troubadour der Dame gefangen, ließ ihn töten. Wie humorlos. Er setzte seiner Angetrauten das Herz des ehemaligen Minnesängers und Liebhabers vor und zwang sie, es zu verzehren. Wie rücksichtsvoll erscheinen dagegen heutzutage die Männer. Aber wer dankt´s?

St. FLOUR ist mit seinen 10.000 Einwohnern stark auf den Fremdenverkehr ausgerichtet. In der Oberstadt wird der Besucher auf Schritt und Tritt von seinem Bedürfnis verfolgt, Geld für die Erfüllung leiblicher und optischer Wünsche auszugeben. Wir bummeln durch die Oberstadt und genießen bei einem Café den Anblick der Kathedrale. Um Vorräte aufzufüllen, bietet die Stadt zwei Supermärkte, die an der Ortseinfahrt angezeigt und ausgeschildert sind. St. FLOUR hat noch 3 Campingplätze und 2 Freibäder.

TAGESFAHRT 13

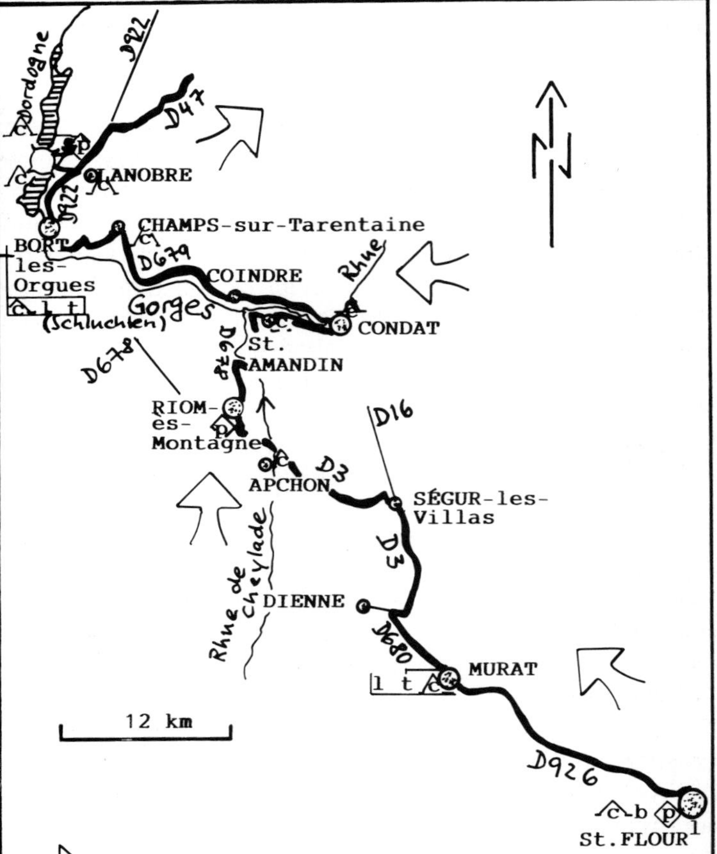

= Fahrtrichtung c = Camping am Ort

p = Picknickplatz t = preiswerte Tankstelle

= Burg s = Badeplatz l = Supermarkt

Tagesfahrt 13

St. FLOUR – BORT-les-Orgues – LANOBRE

Strecke:	MURAT * RIOM-ès-Montagne * CONDAT * CHAMPS-sur-Tarentaine * BORT-les-Orgues * LANOBRE
Entfernung:	110 km
Besichtigen:	Schluchten (Gorges) der Rhue, BORT-les-Orgues, Staudamm (barrage) bei BORT, Burg (Château) von Val
Übernachten:	LANOBRE (Stausee von BORT) Campingplatz

Der Schatten der vergehenden Zeit verfolgt uns. Selbst im Urlaub lebt man nicht einem Zustand losgelöst von Zeit und Raum. Das ist auch gut so. Wir verlassen St. FLOUR in Richtung MURAT auf der D 926. Die Rastplätze unterwegs sind nicht üppig, mehr geschotterte Halteplätze. Wenige Kilometer nach der Stadt sehen wir links am Horizont die Berge des Cantal. Wir stellen uns einmal den Ur-Cantal mit seinen (geschätzten) 3.000 m vor und noch tätig. Heiß wäre das.

Wir kommen von oben nach MURAT, fahren in das Tal und erkennen altbekannte Stätten wieder. Wir nehmen die Richtung nach SALERS auf der D 680. Auch das eine alte Bekannte. Nach 3 km fahren wir nach halbrechts auf die D 3 Richtung RIOM-ès-Montagne. Das fast übliche Bild der Baumalleen schmückt unsere Fahrt. Kleinere Steinwälle grenzen die Felder ein. Am Ortseingang von RIOM links sind Sportanlagen mit Freibad und Rastplatz. Die Anlagen sind mit einer Schranke abgesperrt, die jedoch bei unserer Ankunft nicht verschlossen war und von Hand geöffnet werden konnte. Man kann die Anlagen auch zu Fuß betreten und das Fahrzeug davor abstellen. Das ist in jedem Fall möglich. Die Anlagen machen einen guten Eindruck. RIOM ist ein Ort der Käseherstellung. Sonst ist das Städtchen mit seinen knapp 4.000 Einwohnern klein und verträumt. An der Kirche aus dem 11. Jahrhundert schließt sich ein Marktplatz mit einem Brunnen an. Weiter führt unser Weg auf der D 678 nach CONDAT. Wir sind im Tal der Rhue de la

Schluchten der Rhue

Cheylade. Es gibt hier mehrere Flußläufe mit dem Namen Rhue. Die Straße erlaubt schöne Ausblicke auf die Schluchten der Rhue.

Kurz vor CONDAT sehen wir links unten den See der Essarts. Den netten Kurort CONDAT (Camping) haben wir bereits kennengelernt. In CONDAT suchen und finden wir die Richtung nach BORT-les-Orgues und die D 679. Nach 10 km taucht die D 679 in einen prachtvollen Tannenwald, der jedoch rasch in einen Mischwald übergeht. Achten Sie dabei auf den Wegweiser “COINDRE”. Nicht dem Wegweiser folgen! Er soll uns nur als Zeichen dienen, daß jetzt die eigentlichen Schluchten der Rhue beginnen. Nach 500 m geht eine Brücke auf das linke Ufer des Flusses. An der Brücke ist eine Haltemöglichkeit. Auf der Brücke läßt sich die volle Schönheit der Schluchten auf die Platte bannen. Hier befindet sich ein Wasserwerk mit einer Jahresleistung von 100 Millionen Kilowatt. Im südlichen Waldgebiet haben wir (bei einer Rundfahrt) einige hübsche Ferienhäuschen vorgefunden. Steil aufragende Felsen begleiten uns auf der rechten Seite, nachdem wir abermals das Ufer gewechselt haben. Wir fahren gemütlich und halten immer wieder, steigen aus und schauen zur Rhue hinunter. Die Haltemanöver sind nicht immer ganz astrein, aber bei genügender Vorsicht

Besinnliches am Wegesrand

können wir sie verantworten. Die Franzosen sind recht tolerant. Wir erleben in dieser Ecke keine hupenden und tobenden Autofahrer. Auf den Nationalstraßen ist die Lage anders.

Je nach Licht- und Wetterverhältnissen ergeben sich reichbestückte Natureindrücke. Ein Baum hält sich gerade noch am herabfallenden Ufer. Das Wasser sucht den Weg über unendlich viele kleine Seitenarme. Kleinste Inselchen leben eine völlig eigene Existenz. Die Welt auf nur einen halben Quadratmeter ist ein Reich für sich. Keine neue Erkenntnis, aber ein fortlaufend neues und erfüllendes Erleben. Nach einiger Zeit verfällt der Betrachter in das Gefühl, zu einem Teil dieses kleinen Universums zu werden.

Unterwegs streifen wir den Staudamm von VAUSSAIRE in der Nähe von EMBORT. Auch diese Stelle ist ein Blick wert. Die romantische Strecke führt nach CHAMPS-sur-Tarentaine mit seinen rund 1.000 Einwohnern. Der hübsche Ferienort schmiegt sich in das Tal. Der Gemeindecamping (an der Rhue) schließt sich an das geheizte Freibad an (ausgeschildert). Der Dorfmittelpunkt gruppiert sich um eine gotische Kirche. Auf der Durchgangsstraße hat praktisch der Fußgänger Vorfahrt. Jeden Donnerstag ist Markt.

Nach weiteren 7 km kommen wir in BORT-les-Orgues an. Wir nehmen die Richtung centre-ville über eine Brücke über die Dordogne und biegen nach rechts. Gleich rechts ist ein schattiger, gebührenpflichtiger Parkplatz. Nach der Brücke nach links ist ein Womoparkplatz ausgeschildert. Wir sind nach rechts gefahren und haben das Gefährt nach 200 m auf der

Bort, Brücke über die Dordogne

Bort, Straßenszene

rechten Seite auf dem Parkplatz eines Supermarktes (Intermarché) abgestellt. Dort ist auch eine preiswerte Tankstelle. Gegenüber befindet sich das nicht sehr einladende Freibad. Der Intermarché ist sogar sonntags von 9 Uhr bis 17 Uhr geöffnet.

Wir gehen zurück zur Brücke. In Verlängerung zur Brücke führt stadteinwärts eine gediegene Fußgängerzone. Gemessen am westlichen Standard erleben wir keine Sensation. Aber vielleicht sind wir durch die Öffnung des Ostens sensibler geworden und können solche Fußgängerzonen als Teil einer beachtlichen Lebensqualität besser schätzen.

BORT ist Thermalort. Das macht sich auch beim Publikum bemerkbar. Neben dem Nomadenvolk der Touristen werden die Pflastersteine von eleganten, reiferen Damen begangen. Diese gehen recht vereinzelt durch die Straßen, während die Touristen in Zweiergruppen und schon in Hordengröße Europa mitunter beleben.

Bort zählt knappe 5.000 Einwohner und wirkt sehr gepflegt, zumindestens im innerörtlichen Bereich. Seine Sehenswürdigkeit ist neben der Dordogne das Flair des Kurortes. Der Gast ist König. Die Geschäfte sind zu optischen Reizen eigener Güte herausgeputzt. Die adretten Cafés stehen manchesmal in einem Gegensatz zu der kontaktverlorenen Tristesse einzelner Kur- und Cafégäste.

Die kleine Kirche am Ende der Fußgängerzone stammt aus dem romanischen 12. Jahrhundert mit Ergänzungen des 15. Jahrhunderts. Außerhalb des Chores stehen Reste der alten Stadtmauer. Die Kirche ist der Gegenpart der Dordogne-Brücke und markiert das Ende der Fußgängerzone.

Die Schönheit von BORT liegt auch in seiner Umgebung. Wenn wir nach Westen aufschauen, am besten vom Ufer der Dordogne aus, erkennen wir hoch oben die Orgeln (orgues) von BORT. Diese Orgeln überragen die Stadt um 350 m und bestehen aus Phonolith-Ergußstein. Sie bilden auf einer Länge von 2 km circa 80 bis 100 m hohe Säulen. Diese im Laufe der Zeit entstandenen Orgelpfeifen wurden von äußeren Einflüssen geformt. Ursprünglich waren das Gesteinsrisse, die sich aus der erkalteten Lava bildeten. BORT ist ein westlicher Vorposten der auvergnatischen Vulkanwelt. Zu den Orgeln sind es nur 5 km, die von der Ortsmitte aus ausgeschildert sind. Oben bietet sich natürlich eine schöne Aussicht.

Die nächsten Sehenswürdigkeiten um BORT liegen an unserer Strecke. Hauptrichtung ist CLERMONT-Fd. auf der D 922. Wir folgern der Ausschilderung zum Staudamm (barrage), fahren über den Damm und parken gleich rechts, wenn es noch Platz hat. Wenn nicht, dann etwas weiterfahren. Aber die Parkmöglichkeiten sind nicht üppig. Wir gehen auf den Staudamm. Wenn wir diesen angucken, dann haben wir eine Vorstellung davon, wieviel 700.000 Kubikmeter Beton ist. Wir rätseln, wieviel Betonköpfe sich daraus machen ließen. Wie heißt der Werbespruch von Beton? Es kommt darauf an, was man daraus macht. Die Wassermenge beträgt 477 Millionen Kubikmeter. Die Oberfläche des Stausees umfaßt 1.400 Hektar.

Am Stausee werden Dampferfahrten angeboten (Dauer 1 Stunde). Die Westseite bietet zwei Campingplätze, die Ostseite einen.

Nach der Betonorgie suchen wir einmal wieder die Historie. Von der D 922 in Richtung CLERMONT-Fd. zweigt eine kleine Straße zum Château de Val ab. Als erstes fällt uns links ein Musée de la Radio et du Phonographe auf (Radio und Plattenspieler). Der Eintritt beträgt FF 12 und ist im Juli und August von 10 Uhr bis 12 Uhr und von 14 Uhr bis 19 Uhr geöffnet. Von 1.4. bis 1.11. ist es mit Ausnahme Juli/August vormittags geschlossen. Das Museum zeigt eine Sammlung von mehr als 300 Radiogeräten und Plattenspielern.

Vor der Burg Val sind großzügig Parkplätze angelegt. Allerdings gelten diese nicht nur für die Burg, sondern auch für

Die Burg von Val

den Badestrand. Die Burg Val steht auf einem Felsen und sieht sich infolge des Staudammes in eine Wasserburg verwandelt. Château de Val paßt dennoch gut ins Bild. Sie schmückt die Uferlandschaft und ist Mittelpunkt. Mit den hohen Rundtürmen und Spitzdächern wirkt die Ritterhütte aus dem 15. Jahrhundert wie aus der Spielzeugkiste. Auf jeder halbwegs ordentlichen Modelleisenbahn könnte sich eine Kleinausgabe prachtvoll ausmachen. Das Innere ist jedoch nicht berauschend. Die Anlage zählte früher mal zum Besitz der Herren von Estaing. Diese kennen wir bereits von MUROL. Ein Nachfahre ist der ehemalige französische Präsident Giscard d´Estaing. Der Sandstrand ist sehr belebt, allerdings recht groß. Zelten und campieren ist verboten. Die Seedampfer (vedette panoramique) legen am Ufer an.

Wir fahren zurück nach LANOBRE und beschließen den Tag auf dem dortigen Campingplatz mit einem französischen Weinchen.

TAGESFAHRT 14

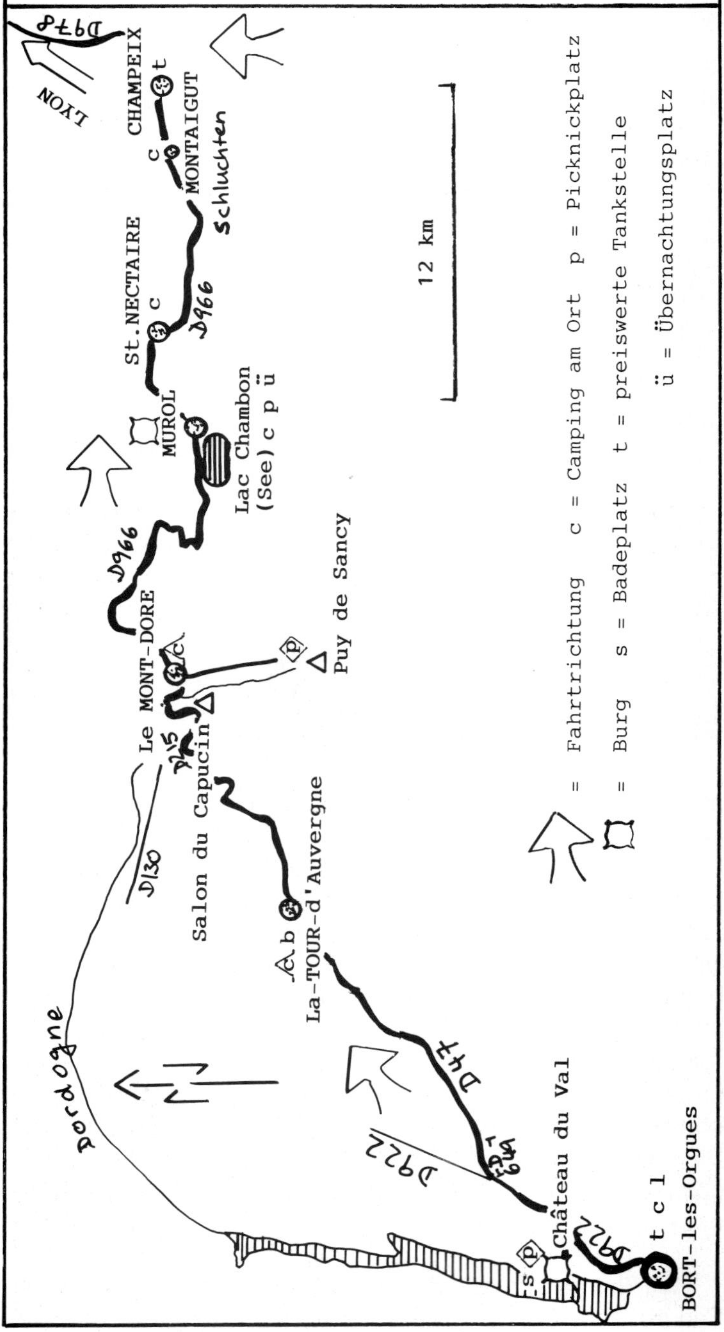

Tagesfahrt 14

BORT-les-Orgues – LANOBRE – MONTAIGUT-le-Blanc

Strecke:	La TOUR-d´Auvergne * Le MONT-DORE * Saint NECTAIRE * MONTAIGUT-le-Blanc
Entfernung:	80 km
Besichtigen:	Le MONT-DORE, Puy (Berg) de Sancy, St. NECTAIRE
Übernachten:	Le MONTAIGUT-le-Blanc Campingplatz

Über die D 922 rollen wir unserem letzten Etappentag in der Auvergne entgegen. Das Wetter ist etwas trübe. Die Richtung ist Norden und CLERMONT-Fd. Die D 649 und anschließend die D 47 bringt uns nach La TOUR-d´Auvergne. Dieser Ort

Juwel der Romanik in Saint Nectaire

Kennen Sie sich hier aus?

wurde durch Asterix und Obelix bereits beehrt und literarisch verewigt. Tatsächlich ist der kleine Ort nicht unbedeutend in seinem Platz in der Geschichte. Ein Grafengeschlecht, derer von La Tour war hier beheimatet. Die heute 900 Einwohner des einstigen, wichtigen Militärstandortes der französischen Krone haben aus ihrem Dorf einen reizvollen Aufenthalt gemacht. Der Name eines Turmes der Auvergne, so die Übersetzung von La Tour-d´Auvergne, verpflichtet. An einem See von 5 Hektar Größe in Ortsnähe ist ein grüner Badestrand eingerichtet. In der Nähe ist ein Campingplatz. Der Strand wird von einem Bademeister überwacht. In der unmittelbaren Umgebung lassen sich Wasserfälle, die Maria-Statue auf dem Natzy-Hügel und eine schöne Aussicht erwandern. Der Name “Natzy” hat mit dem Dritten Reich in Deutschland nichts zu tun.

Die Ortsdurchfahrt ist anheimelnd eng. Spaß kommt noch mehr auf, wenn Parker der zweiten Reihe weitere Farbtupfer in das Verkehrsgeschehen werfen. Das zeigt unmißverständlich ein auvergnatisches Motto: Eile mit Weile. Das Leben läuft eben langsamer und bedächtiger ab.

Das nächste Zwischenziel ist Le MONT-DORE auf der D 213. Wir gelangen rasch in ein Waldgebiet. An der Straße tauchen größere Parkreihen auf. Die Ecke entpuppt sich als Start für Wanderungen und Langlauf im Winter. Ca 5 km nach La TOUR ergibt sich links eine hübsche Aussicht auf Tal und Felsen. Durch des Waldes Lichter sehen wir den Puy de Chambourget über die Baumwipfel ragen. Der nächste Bursche im Blickfeld ist der Pic du Capucin, die Spitze des Kapuziners, der 1.465 m große Hausberg von Le MONT-DORE.

In Le MONT-DORE haben wir ein Zentrum des Fremdenverkehrs, vor allem des Wintersports. Der Kurort zählt leicht über 2.000 Einwohner. Dazu kommen noch eine nicht gezählte Menge von Zweitwohnungsbesitzer, der zweifelhafte Stolz aller Bürgermeister. Sie zahlen keine örtlichen Steuern, kaum Abgaben und belasten die Gemeinde mit den Instandhaltungskosten der für die Zweitwohnungen nötigen Infrastruktur. Der glückliche Inhaber einer Zweitwohnung in einem so reizvollen Gebiet wie unterhalb des Sancy sieht diese Frage natürlich anders. Le MONT-DORE liegt im Tal an den Quellen der Dordogne. Ringsum geben sich erloschene Vulkane ein Stelldichein. Der unbestrittene Häuptling ist der kahle Puy de Sancy mit seinen 1.886 m. Die Gegend um Le MONT-Dore hält einige markierte Wanderwege bereit. Daß es sich nicht um normale abgelatschte Rheumapisten handelt, soll die Namensgebung veranschaulichen. Sie heißen nicht etwa “Zum goldenen Alpenkraut” oder “Alois-Hiesel-Weg”, sondern “Höllental” (Val d´Enfer, oder “Tal der Hetzjagd“ (Val de Courre). Ein Wasserfall trägt den Namen Wolfssprung (saut du loup), nicht Wolfsschanze, die liegt woanders. Die Wege sind gut ausgeschildert. Für Wanderfreunde hält das Office du Tourisme von F 63240 Le MONT-DORE den “Wanderführer durch das Sancy-Massiv” in deutscher Sprache bereit. Dort werden 12 Touren vorgeschlagen.

Bei dem großen Angebot lassen sich auch mal die gastronomischen Besonderheiten der Auvergne kosten. Typisch aus der Geschichte der armen, auvergnatischen Bauern wird die

Kohlsuppe angeboten (la soupe aux choux, la potée). Sie schmeckt in jedem Restaurant anders, übrigens nicht schlecht. Vielleicht irritiert dieses ursprüngliche Gericht den sensiblen Touristenmagen. Fleisch- und Wurstwaren (charcuteries) des lokalen Getiers gelten ebenso als typisch auvergnatische Produkte. Das wurstige Lokalflair herauszuschmecken, ist auch dem normalen Unfeinschmecker möglich. Zu empfehlen sind in Frankreich auf jeden Fall die Käsesorten. Das gilt ganz besonders für die Auvergne. Auf dem Käse ruht der Stolz der auvergnatischen Gastronomie. Die hiesigen Berühmtheiten sind der Saint-Nectaire, der Bleu de Laqueuille und die Fourme d´Ambert. Nicht ohne Snobismus läßt sich der Saint-Nectaire anbieten. Dieser Käse wurde schon den Königen von Frankreich gereicht. Und was denen recht war, kann republikanischen Bürgersleut wohl noch billig sein. Vielleicht erbat sich der abgeschlaffte Ludwig XVI. den Saint-Nectaire als schließenden Teil seiner Henkersmahlzeit, bevor er den Weg auf die revolutionäre Guillotine antrat.

Wer Fan alter Bergbahnen ist, der kommt in Le MONT-Dore auf seine Kosten. Das Gerät aus dem Jahre 1898 tuckelt am Drahtseil (Funiculaire du Capucin) den Kapuzinerberg hoch. Die Technik ist gut gewartet, so daß keine Sicherheitsbedenken angebracht sind. Wir richten unsere Aufmerksamkeit auf den Puy de Sancy. Der Weg dorthin ist ausgeschildert. Zu beiden Seiten der breiten Asphaltpiste bauen sich Hotels und Feriensiedlungen auf. Da wir kein Ferienhaus besitzen, sind wir über eine solche Verschandelung der Landschaft hell entsetzt. Zum Sancy führt eine Seilbahn. Anschließend noch 30 min. zu Fuß. Die Auffahrt lohnt sich nur bei schönem und klaren Wetter. Kostenpunkt: Erwachsene FF 27.-, Kinder FF 21.- jeweils hin und zurück.Im Sommer fährt die Bahn von 9 Uhr bis 17.50 Uhr. Pause 12 Uhr - 13.30 Uhr. Das Unternehmen Sancy dauert insgesamt 2 Stunden.

Wir fahren die Ferienhauspiste zurück an der Dordogne entlang, die jedoch nicht laufend zu sehen ist. Der Fluß ist 500 km lang, ähnlich der Länge des Mains mit 524 km. Bei BOURG-sur-Gironde in Südwest-Frankreich fließt sie mit der Garonne zusammen und beide Flüsse werden ab BOURG Gironde genannt. Bei BORDEAUX mündet die Gironde in den Atlantik.

Auf der D 996 geht es nach St. NECTAIRE. Die Straße führt durch ein fast baumfreies Gelände. Wir kommen am Col (Paß) de la Croix Morand auf 1.440 m vorbei. Auf beiden Straßenseiten sind Parkreihen angelegt und Imbißbuden aufgestellt.

Dann kurven wir für 6 km bergauf und bergab. Die baumlose Landschaft gibt einen herrlichen Weitblick frei, fast wie im Norden Deutschlands, wo man beim morgendlichen Blick aus dem Fenster mitbekommt, wer abends zu Besuch auftaucht. Dann stellen sich wieder Waldstücke ein, die an den Schwarzwald erinnern. Wir passieren den Lac CHAMBON und grüßen unsere Schäferin auf dem Felsen. MUROL Richtung St. NECTAIRE. Zwei Kilometer nach MUROL entdecken wir an der linken Straßenseite eine gewerbliche Aufzucht von Mycastors, zu deutsch Biberraten, auch Trugratten genannt. Sie stammen aus Südamerika und Afrika und werden als Pelztiere gezüchtet. Die Aufzucht kann gegen FF 14.- besichtigt werden. Haben Sie Lust auf einen Trugrattenpelz? Die armen Biberratten werden sogar an Touristen verfüttert und was noch bleibt, zu einem Biberrattenschlüsselbundetui verarbeitet. Na dann viel Spaß.

Bei der Einfahrt in St. NECTAIRE fällt gleich die romanische Kirche links oben auf. Sie ist das Wahrzeichen des Ortes und der ganzen Gegend. Kaum ein Bild dieses Teiles der Auvergne, wo diese Kirche nicht werbewirksam drauf ist. Sie läßt sich in dem engen Tal herrlich fotografieren. Doch so einsam und still, wie sie auf den Bildern erscheint, ist die Ecke nicht gerade. St. NECTAIRE ist ein Anlaufpunkt für Touristen. An der Durchgangsstraße sind Parkreihen und ein größerer, unbefestigter Parkplatz angelegt. Eine Grotte, die Höhle des Berges Cornadore, ist gegen FF 18.- für Erwachsene und FF 14.- für Kinder zu besichtigen (14 Uhr-19 Uhr, Juli/August auch morgens). Während der einstündigen Besichtigung sind Spuren der Römer, wo eigentlich nicht, Stalaktite, Stalaktmite und Versteinerungen anzusehen. Bei den ständigen Kulturtributen lacht der Geldbeutel, er wird rank und schlank.

Die Weiterfahrt führt uns (D 978 Richtung CLERMONT-Fd.) durch das Tal der Couze de CHAMBON. Dieses Tal entpuppt sich als eine Winnetou-Landschaft von Fels und Schluchten. In MONTAIGUT-le-Blanc suchen wir den Gemeindecampingplatz auf. Der Abend gehört einem Bummel durch das naheliegende CHAMPEIX (Richtung CLERMONT). In CHAMPEIX kehren wir in ein Restaurant in der Ortsmitte ein und bereiten uns innerlich auf den morgigen Abschied von der Auvergne vor. Zuvor sind wir noch durch CHAMPEIX hindurchgefahren und haben an der 300 m nach Ortsende (Richtung CLERMONT) links liegenden preiswerten Tankstelle vollgetankt. Auf dem "flachen" Land haben in Frankreich die Tankstellen sonntags geschlossen.

HINWEISE – alphabetisch geordnet

ABLAUF - PHASEN

1) 6 Monate vor Abfahrt

• Mietvertrag über Wohnmobil oder Wohnwagen abschließen, nachfolgenden Ablaufplan an eigene Bedürfnisse anpassen.

2) 4 Monate

• Festlegung des Termines (2 Wochen vor der Abfahrt) der technischenÜberprüfung von Kfz und Wohnwagen bzw Wohnmobil bei der Werkstatt.

3) 2 Monate

• Zusammenstellen oder Überprüfen der Packliste, Anpassung an den aktuellen Bedarf, ggf "nötige" Käufe tätigen.

4) 2 Monate

• Papiere überprüfen:Personalausweis, Campingcarnet, Grüne Versicherungskarte, Schutzbrief, ggf in Ordnung bringen.

5) 1 Monat

• Zeitungen abbestellen, ggf Auslandskrankenschein E 111 bei der Krankenkasse besorgen, ggf Impfungen vornehmen lassen bzw mit dem Arzt absprechen, Anfrage an Krankenkasse, über Leistungen der Kasse und Abrechnungsmodalitäten bei Krankenhausaufenthalt in Frankreich, Karten, Informationsmaterial über das Reiseziel zusammenstellen bzw besorgen, Kopien der Personalpapiere anfertigen lassen (jeweils zwei Exemplare, davon eines zu Hause lassen), Nachbarn wegen Haus- und Wohnungsbetreuung ansprechen, falls zum ersten Mal sollte dies früher geschehen.

6) 2 Wochen

• Werkstatt-Termine für Wohnmobil, Kfz und Wohnwagen wahrnehmen, Herstellen der Fahrtüchtigkeit von Wohnmobil oder Wohnwagen. Aufgaben für die restlichen Phasen verteilen bzw zuteilen.

7) 1 Woche

• Wohnwagen bzw Wohnmobil reinigen, ausländische Zahlungsmittel besorgen.

8) 4 bis 2 Tage

• Wohnwagen, Kfz bzw Wohnmobil technisch aufrüsten und nach Packliste einräumen, Ablaufplan und Packliste in Ruhe durchlesen, ob etwas fehlt oder unterlassen wurde. Erledigtes streichen.

9) 1 Tag vor der Abfahrt

• Tanken, Wasser einfüllen, Mülleimer leeren, Haustier abgeben, Blumen versorgen, Antennen herausziehen, dringendste Rechnungen bezahlen. Nächste Anverwandte ggf informieren.

10) Abfahrtstag

• Packliste Abfahrtstag ausführen, Wasser abstellen, Kühlschrank abstellen, Türen von Terrassen und Balkon verschließen, Fenster verschließen, ggf Zeitschaltuhr für Lampe(n) einschalten, alle elektrischen Geräte abstellen, Gas abstellen, Haus- / Wohnungstüre verschließen, Schlüssel dem Nachbarn geben und sich mit Übergabe eines Papiers mit Reiseziel, Rückkehrdatum, Autokennzeichen und eventueller Erreichbarkeit verabschieden. Checkliste Ankuppeln (s. Wohnwagen) sorgfältig ausführen. Im Auto nochmal Packliste Abfahrtstag, Checkliste Haus / Wohnung, Checkliste Wohnwagenankuppeln überprüfen. Erledigtes streichen.

Die Fahrt soll man langsam und in Ruhe beginnen. Das heißt, keiner hat das Recht, aus Lust und Tollerei auf Kosten der Nerven der Mitfahrer verrückt zu spielen. Nach 10 km soll man halten und das Gespann, das Innere des Wohnwagens kontrollieren (s. auch Kontrolle unterwegs).

• Grundsatz: Der Urlaub beginnt mit dem ersten Meter - und zwar für alle!!

ANSCHRIFTEN

Französisches Fremdenverkehrsamt
Postfach 100128
D 6000 Frankfurt 1
Tel. 069 7560830

Französisches Verkehrsbüro
Landstraßer Hauptstr. 2
A 1030 Wien
Tel. 0222 75700062

Französisches Verkehrsbüro
2 rue Thalberg
CH 1201 Genf
Tel. 022 328610

Anfragen an einzelne Gemeinden können an das office du tourisme der Gemeinde gerichtet werden. Die nötige Postleitzahl ist die Nummer des Département.

AUTOBAHNEN

Die Autobahnen sind in Frankreich halbstaatlich gebaut und verwaltet. Ihre Benutzung kostet Gebühren (péage), die an Mautstellen kassiert werden. Bei Mühlhausen (MULHOUSE) im Elsaß wird Bargeld kassiert. Dabei muß man das Geld (FF 12 für PKW und FF 18 für Gespanne) in einen Korb werfen. Dieses Zahlverfahren gilt auch für die Rückfahrt ab BELFORT. Also Münzgeld bereithalten. Diese und folgende Preise gelten seit 1.8.91. Von BELFORT bis kurz vor LYON kostet es für PKW ca FF 100 und für Gespanne ca FF 130. Die Autobahn nach CLERMONT-Fd. kommt noch auf FF 50 für PKW und FF 70 für Gespanne. Zahlbar in bar oder mit Kreditkarte. Ratsam ist auf jeden Fall, den nötigen Betrag in bar bereitzuhalten, da die Kreditkartenautomaten der Mautstellen ab und zu ausfallen. Die Preise werden im Rahmen der allgemeinen Inflationsrate angepaßt.

Ein Dienst am Kunden sind die großen Tafeln am Autobahnrand, die einige Kilometer vor jeder Tankstelle die Spritpreise der folgenden Tankstellen angeben. Wer preiswert tanken will, soll sich von Supermarkt zu Supermarkt durchtanken (s. Anreise).

An Parkplätzen sollte man nicht übernachten. Den Nahbereich von LYON, den gebührenfreien Autobahnteil, ebenso den von MARSEILLE ggf, soll man rasch durchfahren. Hier drohen Überfälle. Es kommt nicht pausenlos vor, aber es kommt vor!

Die Autobahnauffahrten/ausfahrten liegen mitunter weit auseinander. Wenn eine Straße eine Autobahn kreuzt, muß dort noch lange nicht eine Auffahrt sein. Hier gilt es, sich genau auf der Karte zu informieren. Richtungsschilder zu Autobahnauffahrten sind bis zu 40 km davor bereits aufgestellt.

Die Raststätten (Achtung, mit "aire" wird in Frankreich alles angekündigt, von dem vergammelten Parkplatz bis zur besten Autobahnraststätte) sind aufwendiger als in Deutschland gebaut. Neben den Tankstellen werden Supermarkt, Werkstätte, Restaurant, Toiletten, Spielplätze etc (s.Anreise) angeboten. Die Sicherheitslage für Übernachtungen ist günstiger.

BROT

Wenn Franzosen nach Deutschland kommen, verzweifeln sie fast an unserem Schwarzbrot. Ähnliche Erlebnisse haben Deutsche bei einem Besuch in Frankreich: nur Weißbrot. Das berühmteste ist die "baguette" (eingedeutscht: das Baguette oder Pariser Brot). Diese wird zu 200 g und zu 250 g (mit dem Namen "flûte"=Flöte") angeboten und zum staatlich verordneten Preis verkauft. Das Brot zu 500 g ist "le pain". Eine "Flöte" reicht für ein Frühstück mit zwei nicht allzu hungrigen Menschen aus. Das Weißbrot hat nur seinen Reiz, wenn es frisch ist. Nach einem halben oder ganzen Tag ist es allerdings noch gut eßbar. Was uns die Weckle oder Schrippen oder Semmeln oder Brötchen sind, sind für den Franzosen die " croissants". Der Verzehr von croissants zum Frühstück macht den Menschen zum Kulturwesen.

EINREISE

Die Grenzen sind gefallen. Die Maginotlinie ist außer Betrieb. Die Franzosen räumen ihre Atomraketen für PRAG und LEIPZIG in die Keller. Wir fahren nach Frankreich - fast - wie nach MÜNCHEN in Bayern oder MITTELSDORF in Thüringen. Dennoch muß der Personalausweis mitgeführt werden. Dinge des täglichen Bedarfs sind zollfrei. Tabakwaren und Alkoholika sind in kleinen Mengen ebenso problemlos. Für Haustiere muß eine Tollschutzimpfzeugnis von mindestens 1 Monat und höchstens 12 Monaten Geltungsdauer vorliegen.

FILMEN und FOTOGRAFIEREN

Die Filme sind im Touristenland Frankreich nahezu unverschämt teuer. Eine entsprechende Menge lassen sich aufbewahrungssicher im Kühlschrank mitführen. In Kirchen, Museen herrscht aus gewerblichen Gründen meistens Fotografierverbot. Solange das einem keiner sagt, weiß man´s nicht.

GAS

Mit manchen Dingen läßt sich nicht spaßen. Dazu gehört das Gas. Preiswert und sicher soll der Gesamtbedarf zu Hause eingekauft werden. Schätzen Sie Ihren Bedarf. Drei Kilogramm reichen einer 4köpfigen Familie mit Kühlschrankbetrieb und gelegentlicher Heizung eine Woche im Sommer. Im Winter kann das für einen Tag reichen. Hier einige Verbrauchszahlen pro Stunde: Gaslicht 35-55 g, Kochstelle 135 g, Heizung (12.600 kJ) 30-290 g, Kühlschrank 7-10 g.

In den kleinen Flaschen befinden sich knapp 5 kg, in den großen knapp 11 kg Propangas. Unser - nicht unbedingt übertragbarer - Erfahrungswert besagt: Zwei 5 kg-Flaschen bzw eine 11 kg-Flasche reichen für 3 Wochen im Sommer allemal.

Während der Fahrt ist bei Wohnwagen -nicht jedoch bei Wohnmobilen- der Gasbetrieb, zum Beispiel des Kühlschranks, verboten.

Zur Sicherheit soll das Behälterventil an der Flasche bei Nichtbedarf immer geschlossen bleiben. Wir schalten nachts und bei längerem Verlassen des Wohnwagens das Gas ab. Der Kühlschrank läuft je nach Witterung gar nicht oder auf 220 Volt. Tip für Kühlschrank, Kochstelle und Heizung: Bedienungsanleitung in unmittelbarer Nähe ankleben.

Umfassende Vorschriften für den Gasbetrieb - wie Kochen nur bei offenem Küchenfenster etc - sind beim Gasprüfer, der alle zwei Jahre die Gasanlagen überprüfen muß und bei Ihrer Werkstätte erhältlich, ebenso bei der Bedienungsanleitung für Wohnwagen und Wohnmobil zu finden. **Es lohnt sich, diese durchzulesen.**

HILFSDIENSTE

Polizeiruf (police secours): 17
Feuerwehr (pompier): 18
Tel. Auskunft (renseignement): 12
ADAC-MÜNCHEN: 19-49-89/22 22 22

Pannenhilfe in deutscher Sprache: 05 10 61 06
Deutsche Botschaft in PARIS: (1) 42 99 78 00
Generalkonsulate in NANY, BORDEAUX, LILLE, LYON, MARSEILLE

Der ADAC hat einen deutschsprachigen Notrufdienst in Frankreich eingerichtet:
PARIS (1) 45 00 42 95, AVIGNON 90 86 16 09,
von Juni bis September:
BORDEAUX 56 44 46 81, PERPIGNAN 68 35 64 66

Schweizer Botschaft PARIS: (1) 55 03 4 46
Österreichische Botschaft PARIS: (1) 55 59 5 66

Ein Auslandsschutzbrief ist ratsam. Gegen eine Kapitallücke helfen Kreditkarte, Euroscheck + Personalausweis + Scheckkarte, Postsparbuch + Personalausweis, Euroscheck-Karte bei bestimmten Bankautomaten.

Eine Liste der Vertragswerkstätten sollte man sich beim Autohersteller besorgen.

KAFFEE und KUCHEN

Cafés in unserem Sinne gibt es in Frankreich nicht. Die Cafés sind dort meist eher Kneipen. Ausgeschenkt werden der café noir, eine Art Mokka und der café au lait, Kaffee mit Milch - und natürlich andere Getränke.

Der Salon de thé oder du thé nähert sich unseren Vorstellungen. Dort ist Konditoreiware (pâtsseries) zu bekommen. Allerdings sind diese salons de thé eher im Elsaß und sehr viel weniger im Innern des Landes anzutreffen. An Leckereien mangelt es dennoch nicht. Man kann zu seinem mitgebrachten Kaffee im heimischen Wohnmobil oder Wohnwagen erlesene Stückchen aus der Konditorei (pâtisserie) genießen.

KARTEN

Die Karte ist ein verkleinertes, verebnetes, durch Kartenzeichen erläutertes, maßstabsgerechtes Abbild eines Teiles der Erdoberfläche. **Die Forderungen an eine nützliche Karte sind Richtigkeit, Klarheit und gute Lesbarkeit.**

Die im Handel erhältlichen Karten des ADAC, des französischen Institut Géograhique National und die Michelin-Karten entsprechen diesen Anforderungen. Die Fülle der Informationen der Michelin-Karten gehen auf Kosten der Übersicht und der Klarheit.

Für die Anfahrt und den Überblick empfehlen sich Karten im Maßstab 1 : 800.000. Für die einzelne Region, so für die Auvergne, sind Karten im Maßstab 1 : 200.000 notwendig. Das Institut Géographique National hält Karten im Maßstab von 1 : 100.000 bereit. Sie sind allerdings nur in Frankreich oder über Bestellung zu haben und ohne touristische Angaben. Michelin hat in den letzten Jahren Karten herausgebracht, in denen Burgen, Kirchen, Campingplätze, Freizeitparks etc. eingetragen sind. Die Fülle ist Vor- und Nachteil zugleich.

Für die Auvergne kommen die Regionalkarten 69, 73, 76 von Michelin in Frage. Sie haben jeweils eine alphabetische Liste der in der Karte aufgeführten Orte mit der entsprechenden Fundstelle. Um alles wahrnehmen zu können, sollte man sich eine Leselupe mit eingebauter Lampe zulegen (nicht lachen), sonst kann man auf 70% der Angaben verzichten. Hilfreich ist ein Kurvenmesser mit den einschlägigen Maßstäben. Der Klarschriftmarkierer oder Memomarker erleichtert die Übersicht auf der Karte ganz wesentlich.

Für unterwegs sollte man die Karte auf DIN A 4 Größe falten, so daß nur der benötigte Ausschnitt zu sehen ist. Diese packen wir in eine Klarsichthülle. In eine weitere Klarsichthülle legen wir ein Streckenblatt mit den **senkrecht** aufgelisteten Fahrtstationen. Städte in Großbuchstaben, so daß Richtungsangaben wie “Richtung, links, rechts” und Straßenbezeichnungen “A 6” schon an der Schriftform zu unterscheiden sind.

Als Beispiel unsere Anfahrt (aus Platzgründen waagrecht): MULHOUSE Autobahn A 36, BESANÇON, BEAUNE, A 6 Richtung LYON bis Ausfahrt Nr. 22, La TOUR-de-Salvagny auf D 73 Richtung CLERMONT-Fd.

Klarheit über die Fahrtstrecke spart Nerven.

KRANKENVERSICHERUNG

Für Privatpatienten läuft es wie in Deutschland. Nur mit dem kleinen Unterschied, der Doktor will sein Geld gleich haben. Seine Rechnung heißt “feuille de soins”. Für Krankenhausaufenthalte ist sicher die Klinikkarte nützlich. Doch sollte vor Reiseantritt bei der jeweiligen Krankenkasse die mit einem eventuellen Krankenhausaufenthalt zusammenhängenden Leistungen der Kasse erfragt werden. Die Kosten werden anschließend bei der Kasse eingereicht. Kassenpatienten können bei ihrer Versicherung den europäischen Krankenschein / Auslandskrankenschein E 111 anfordern. Damit können Sie in Frankreich - nach Bezahlung des Arztes oder des Rezeptes (ordonnance) - zur nächsten Geschäftsstelle der Caisse de Sécurité Sociale gehen (Anschrift beim Rathaus - mairie erfragen). Die zahlt ca 70% zurück. Der Rest muß in Deutschland bei der Kasse eingereicht werden.

Eine Zusatzversicherung mit eventuellem Rücktransport ist zu empfehlen. Die Zustände in den französischen Krankenhäusern sollen nicht immer unserem Niveau entsprechen.

MEDIKAMENTE

Die Auvergne ist ein Land mit einem uns bekömmlichen Klima. Am besten stellt man mit Hilfe des Apothekers eine Erste Hilfe Tasche zusammen, die über diejenige des Autos hinaus den eigenen Bedürfnissen entspricht. Die Apotheker haben in ihrem Computer alles, was man in den einzelnen, gängigen, touristischen Gegenden so brauchen kann. Durchfall und bzw oder Verstopfung ist bei Reisen nicht unüblich. Gegen Sonnenbrand und Insektenstiche soll man sich schon eindecken. Eine elastische Binde für einen verstauchten Fuß, Ohropax gegen lärmunempfindliche Mitmenschen oder gegen Eisenbahnlinien etc machen sich recht gut. Der ADAC-Arzt steht telefonisch zur Verfügung: 19-49-89/22 22 22.

Die Auvergne ist Kurgebiet mit einer hochen Dichte an Ärzten und Apothekern.

ÖFFNUNGSZEITEN

Einzelhandel

Verbindliche Ladenschlußzeiten wie in Deutschland sind in Frankreich nicht üblich. Der Ladenbesitzer entscheidet selbst. wann er öffnet und schließt. Während im Norden und im Zentrum Frankreichs gegen 19.30 Uhr die Geschäfte zumachen, sind im Süden die Türen noch lange auf.

Lebensmittelläden in der Auvergne öffnen morgens zwischen 8 und 9 Uhr. Von 12 bis 14 Uhr oder 14.30 Uhr ist Mittagspause. Gegen 19.30 Uhr ist Schluß. Wenn nach 19.00 Uhr niemand mehr kommt, Kann auch zugemacht werden. Das gilt für Montag bis Samstag. Der Einzelhandel und zuweilen auch Supermärkte haben sogar Sonntagvormittag auf. Einmal in der Woche, am Wochenanfang oder am Samstagnachmittag, haben die Geschäfte geschlossen.

Gastronomie

Restaurants öffnen meist nur um die Mittagszeit (12-14 Uhr) und gegen Abend (19-21 Uhr). Das sind auch die Essenszeiten in Cafés, die für diese Zeit einige Tische für Essensgäste eindecken. Sonst sind Cafés ebenso wie die Geschäfte den Tag über geöffnet. Bars sind Cafés, nur der berühmten langen Theke, dem "zinc".

Die Einkaufszentren, die "centres commerciaux" mit den Geschäften im Geschäft, sind in der Auvergne mit Ausnahme von CLERMONT-Fd. nicht vorhanden. Dort werden während der ganzen Geschäftszeit Mahlzeiten angeboten.

Post

In der Regel sind die Postämter von Montag bis Freitag von 9.00 Uhr bis 19.00 Uhr bei einer Mittagspause von 12.00 bis 14.00 Uhr geöffnet. Samstag gilt die Öffnungszeit 9.00 bis 12.00 Uhr.

Banken

Banker sind bescheiden und zeigen sich nur eingeschränkt in der Öffentlichkeit. Die Schalter sind meist von 9.00 bis 16.00 Uhr bei einer Mittagspause von 12.00 bis 14.00 Uhr geöffnet und zwar von Montag bis Freitag. Manchmal haben sie montags geschlossen und samstags geöffnet. Aber auf Samstag lieber nicht setzen! Der Geldautomat ist jedoch durchgängig in Betrieb, wenn er nicht gerade eine Macke hat.

RUNDFUNK

Die Deutsche Welle ist über Kurzwelle überall in Frankreich zu empfangen. In Ostfrankreich kommen deutsche Rundfunksender auch auf UKW mühelos herein.

Auf 1278 kHz (Mittelwelle) und 6150 und 7145 kHz (Kurzwelle) strahlt der Französische Rundfunk deutschsprachige Sendungen aus.

TELEFON

Wie bei uns ist die Telefonkarte, die télécarte, in Frankreich voll im Durchmarsch. Der Münzfernsprecher ist die seltene Ausnahme. **Die télécarte** ist in Tabakgeschäften (tabacs), bei der Post und an Bahnschaltern zu kaufen. Wenn man einen Telefonhörer abhebt, so tut sich zunächst nichts. Man muß die Nummer des Teilnehmers wählen. Die Vorwahl ist die Nummer des Départements.

Wenn man von der Provinz in die Pariser Region reintelefoniert, ist zunächst die 16, dann die 1, dann die Nummer des Teilnehmers zu wählen.

Um ins deutschsprachige Ausland zu gelangen, wählt man die 19, dann für Deutschland die 49, für Österreich die 43, für die Schweiz die 4, dann die Ortskennzahl ohne die Null, dann die Rufnummer des Teilnehmers. Beispiel Stuttgart: 19-49-711-Teilnehmernummer.

Die Kosten sind spürbar günstiger als bei uns. Die Minute kostet zwischen FF 4 und FF 6. Billigtarife mit Reduzierung von 30%: Mo bis Fr. 18.00 - 21.30 Uhr, von 50%: Mo bis Fr. 21.30 - 8.00 Uhr und Sa 14.00 - 08.00 Uhr,den ganzen Sonntag und Reduktion von 65% täglich von 23.00 - 06.00 Uhr.

Der Fortschritt rast. So kann man mitten in irgendeinem Dorf eine Telefonzelle finden, in der man angerufen werden kann. Das wird immer mehr zur Gewohnheit. Nach Frankreich kommt man von Mitteleuropa mit der Vorwahl 0033, dann die Nummer des Départements, dann der Teilnehmer/Telefonzellennummer (außen und innen angegeben). Für die Pariser Region gilt die !, dann der Teilnehmer. Die Départementsnummer sind die beiden ersten Ziffern auf den Autokennzeichen.

Für die Auvergne haben wir für den Norden (Allier) um MOULINS 03, für die Mitte (Puy-de-Dôme) um CLERMONT-Fd. die 63, für den Süd-Westen (Cantal) um AURILLAC die 15 und für Süd-Ost (Haute-Loire) um Le Puy-en-Velay die 43. Auskunft (renseignements) 12, Polizei (police) 17

UNFALL

Gleich zu Anfang: Eine Rechtsschutzversicherung, die Verkehrsrechtsschutz gewährleistet, sollte schon sein.

Bei Bagatellschäden taucht in Frankreich die Polizei nicht auf. Das Wichtigste ist, herauszubekommen, mit wem man es zu tun hat. Dazu genügt ein ausführlicher Blick auf die Windschutzscheibe. Dort finden sich Versicherungsgesellschaft und Versicherungsnummer. Aufschreiben! Zur Unfallaufnahme sind Fotoapparat, Skizze und ein Aufnahmevordruck empfehlenswert. In Frankreich **gibt es die Möglichkeit, ein gemeinsame Unfallaufnahme zu** machen, das constat amiable d´accident automobile. Vorsicht bei der Unterschrift. Die Ansprüche an den Unfallgegner sind bis heute nur über einen französischen Rechtsanwalt durchzusetzen. Die Herrn und Damen arbeiten für teures Geld. Der Unschuldige muß seinen Anwalt selbst bezahlen, nicht der schuldige Gegner.

Gemeinsames Unfallprotokoll
constat amiable d´accident automobile

1. date de l´accident/heure:
Datum des Unfalls/Zeit:
2. lieu:
Ort:
3. blessé(s):
Verletzte:
4. dégâts autres véhicules:
Schäden an anderen Kfz:
5. témoins:
Zeugen:

véhicule A Kfz A
6. assuré Versicherter
nom:
Name
prénom:
Vorname
adresse:
tél.:

7. véhicule
marque:
type:
n. d´immatr.:
Kennzeichen:

8. sté d´assurance:
Versicherung
n. de contrat:
Vers.Nr.

9. conducteur:
Fahrer
nom:
Name
prénom:
Vorname
adresse:
permis de conduire n.:
Führerscheinnummer

10. dégâts apparents:
sichtbare Schäden

11. circonstances (nommez- les avec les chiffres expliqués dessous) Tatbestände (s.Ziffern unten) in Ziffern angeben:

12. croquis Zeichnung (cf. feuille .., s. Blatt ...)

13. signature conducteur A:

explications Erklärungen (11):**1** en stationnement geparkt, **2** quittait stationnement verließ Parkplatz, **3** prenait stationnement parkte ein, **4** s´engageait sur une place à sens giratoire fuhr in Kreisverkehr ein, **5** roulait sur une place à sens giratoire fuhr im Kreisverkehr; **6** heurtait l´arrière de l´autre véhicule qui roulait dans le même sens et sur la même file stieß von hinten auf das andere Kfz,das in gleicher Richtung fuhr und auf der gleichen Spur; **7** roulait dans le même sens et sur une file différente fuhr in der gleichen Richtung und auf einer anderen Spur, **8** changeait de file wechselte die Spur, **9** doublait de gauche überholte links, **10** doublait de droite überholte rechts, **11** virait à droite bog nach rechts, **12** virait à gauche bog nach links, **13** reculait fuhr zurück, **14** empiétait sur la partie de chaussée réservée à la circulation en sens inverse fuhr auf der falschen Fahrbahn in der falschen Richtung (Geisterfahrer), **15** venait de droite kam von rechts, **16** venait de gauche kam von links, **17** n´avait pas observé un signal de priorité beachtete nicht die Vorfahrt.

Jeder Unfallpartner sollte ein solches Unfallblatt ausfüllen. Die Zeichnung sollte zweifach angefertigt werden und - falls alles einvernehmlich verläuft - müssen die Unfallgegner jeweils auch beim Blatt des Gegners unterschreiben.

VERSTÄNDIGUNG

Die beste Möglichkeit, sich zu verständigen, ist und bleibt wohl mit Freundlichkeit, Menschenkenntnis und Mut zur sprachlichen Lücke auf den Mitmenschen zuzugehen. Als Besucher einer auf den Fremdenverkehr angewiesenen Gegend braucht man noch ein bißchen Geld dazu.

Ein kleiner Sprachführer kann nützlich sein. Mir gefällt der Sprachführer "Französisch" von Langenscheidt (ISBN3-468-22152-5). Er ist mit 10 x 15 cm in einem handlichen Format. Sein Inhalt deckt die meisten normalen Urlaubssituationen mit Redewendungen und einschlägigem Wortschatz. Etwas Grammatik, ein kleines Wörterverzeichnis ergänzen den auf Urlaubssituationen aufgebauten Sprachführer.

Unter der Rubrik Tanz/Flirt ist zu erfahren, was auf Französisch erwartet werden darf:

1. Verzeihen Sie, daß ich Sie anspreche - Excusez-moi de vous adresser la parole.

Im Punkt 8: Gehen/fahren wir ein bißchen spazieren? Si on faisait un tour - en voiture? usw.

Das Büchlein hat 256 Seiten und sogar eine Begleitcassette. Ich bekomme übrigens nichts für diese Empfehlungen.

Wir haben unterwegs eine kleine Wortauswahl aufgesammelt, die nicht unterschlagen werden soll:

accotement meublé .... aufgeschütteter Straßenrand
aire de pique-nique .... Rastplatz
autres directions .... übrige Richtungen
la bande .... Straßenrand
la bande d´arrêt d´urgence .... Notspur auf der Autobahn
le barrage .... Staudamm
camping-car .... Wohnmobil
camping municipal .... Gemeindecampingplatz
la carte bancaire .... Kreditkarte
cédez le passage .... Vorfahrt achten
chasse gardée .... privates Jagdgebiet
créneau(x) de dépassement .. Überholabschnitt(e)
défense d´entrer .... Betreten verboten
descente longue et dangereuse -lange und gefährliche Abfahrt
dipositif expérimental .... in Orten probeweise angelegte Hindernisse
entrée .... Vorspeise
essence .... Normalbenzin
éteignez vos phares .... Scheinwerfer ausschalten
feux interdits .... Feuer verboten
fin de chantier .... Ende der Baustelle
fin de doubler .... Ende der Überholstrecke
forêt, lac .... Wald, See
gazole, gasoil .... Diesel
gonflage .... Reifendruckdienst
graissage .... Schmierdienst
guichet automatique .... Geldautomat
horodateur .... Parkautomat
hypermarché .... Supermarkt
intermarché (Eigenname) ...... Supermarkt
itinéraire conseillé .... empfohlene Strecke
laissez libre
la bande d´arrêt d´urgence .... Notspur freihalten
maison de la presse .... Geschäft für Buch-, Zeitschriften-, Zeitungsverkauf

mont, pic, puy .... Berg
office de (du) tourisme .... Verkehrsbüro
péage .... Maut, Mautstelle
piscine .... Freibad
propriété privé .... Privateigentum
priorité .... Vorfahrt
rappel .... Erinnerungsschild an ein vorausgehendes Verkehrsschild
refuge .... Haltebucht mit Telefon an der Autobahn
rond point .... Kreuzung, runder Platz
roulez au pas .... Schrittfahren
sans plomb .... bleifrei
sauf rivérains .... außer Anlieger
stationnement en épi .... Schrägparken
stationnement payant .... gebührenpflichtiger Parkplatz
super carburant .... Superbenzin
syndicat d´initiative .... Verkehrsbüro (Abk. S.I.)
télécarte .... Telefonkarte
toboggan nautique .... Wasserrutschbahn
trafic ralenti .... Geschwindigkeitsbegrenzung
toutes directions .... alle Richtungen
un train peut en cacher un autre . ein Zug kann einen weiteren verdecken
utilisez votre frein moteur .... Motorbremse benutzen
vent latéral .... Seitenwind
vente de fromage de chèvre .... Verkauf von Ziegenkäse
vous n´avez la priorité .... Vorfahrt achten
vedette panoramique .... Ausflugsschiff
voie express .... Schnellstraße

WOHNWAGEN

Für die Abfahrt soll für das Gespann eine Checkliste angelegt werden. Die ist nach jeder Rast sehr nützlich. Am besten wird die Liste an die Innenseite der Wohnwagentüre angeheftet und vor Abfahrt noch überprüft.

Zu überprüfen:
Dachluke schließen, Tische herunterlegen,
Hängelampen abnehmen, Schranktüre verschließen,
Fenster zu, Gas zu, Kühlschrank verriegeln,
ggf Antenne einziehen,

Ersatzzündschlüssel in den Wohnwagen,
alles sonst rutschfest?
Ankuppeln:
Stützen hoch, ankuppeln, Kupplung sichern,
Bremsseil anlegen,
Handrad hoch, Elektrokabel einstecken,
Handbremse lösen, ggf Stabilisatoren anlegen,
Zugfahrzeug:
Außenspiegel einstellen
Beleuchtungsprobe

ZEITUNGEN

Die Auvergne bietet vor allem in den maisons de la presse auch deutsche Zeitungen. Das muß nicht nur "Bild" sein. Auch der "Spiegel", die "FAZ", die "Süddeutsche", die "Welt" sind mit ein, zwei Tagen Verspätung im Angebot.

Wenn man sich Zeitungen nachschicken läßt, an eine feste Anschrift, oder postlagernd an ein Postamt, ist man vor Überraschungen nicht sicher. Manchmal kommt Tage nichts, dann in Mengen. Bei postlagernd soll man sich vorher erkundigen, ob das auserwählte Postamt eine solche Abteilung noch hat.

Falls man eine französische Zeitung lesen kann, empfiehlt es sich die örtliche Tageszeitung. Sie ist nicht nur preiswert, sondern bietet oft auch touristische Informationen über Veranstaltungen, Geschichte, Kultur und über das regionale Leben. CLERMONT-Fd. liest "La Montagne".

Lilly wünscht gute Fahrt - aber wer ist Lilly?

ZUSAMMENPACKEN PROFIPACKLISTE

Papiere

•Pässe,
•Personalausweise,
•Führerscheine,
•Grüne Versicherungskarte,
•Kfz-Schein,
•Fahrzeugschein Wohnwagen,
•Impfpaß,
•Tierpaß,
•Reservierungsbestätigung von Campingplätzen,
•Kopien der Papiere,
•Bargeld, Brustbeutel,
•Devisen,
•Scheckkarte
•Euroschecks,
•Postsparbuch,
•Kreditkarte(n),
•Auslandskrankenscheine,
•Klinikkarte,
•Schutzbrief,
•Zusatzversicherung,
•Schreibmaterial,
•Bedienungsanleitungen (Womo, Wohnwagen)
•Autohandbuch,
•Campingführer,
•Reiseführer,
•Fremdsprachenlexikon,
•Fahrtentagebuch,
•Kompaß,
•Kartenmaterial,
•Informationsmaterial über Reiseziel,
•neues Werkstättenverzeichnis,
•neues Campingcarnet,
•Reserveschlüssel für Auto und Wohnwagen,
•Checkliste Urlaubsgrüße.

Haushalt

•Wecker,
•Einkaufstasche,
•Kaffee-, Teekanne,
•Geschirr,
•Gläser,
•Vesperbrettchen,
•Bestecke,
•Brotmesser,
•Schöpflöffel,
•Schneebesen,
•Töpfe, •Pfanne, •Sieb,
•Topflappen,
•Butterdose,
•Flaschentrage,
•Thermoskanne,
•Eierbehälter,
•Küchenpapier,
•Alufolie,
•Nähzeug, •Schere,
•Wäscheleine, •Klammern,
•Waschpulver,
•Plastikschüsseln,
•Schuhabtreter, •Handfeger,
•Putzlappen, • Zündhölzer,
•Taschenlampen, •Kerzen,
•Insektenspray, Insektenlampe,
•Moskitogaze (Fenster/Türe),
•Klopapier,
•Toilettenchemikalien, (formaldehydfrei),
•Spülmittel, •Bürste,
•Scheuerpulver,
•Geschirrtücher,
•Wasserentkeimungsmittel,
•Müllbeutel,
•Mülleimer,
•Tischtuch, •Trichter,
•Rechaud, •Meßbecher,
•Flaschenöffner für Bier- und Weinflaschen,
•Wasserkanister,
•Windlichter.

Technik

•Kabeltrommel,
•Verbindungskabel,
•Stecker-Satz,
•Kabelzwischenstück mit CEE-Stecker,
•Doppelstecker,
•Klappspaten,
•Taschenmesser,
•Ersatzbirnen 12 V, 220 V
•Ersatzsicherungen,
•Feuerlöscher,
•Leim, 5 cm Schnur,
•gefüllter Werzeugkasten,
•Gasflaschen (für 11 kg)
•Holzblöcke, Trittstufe,
•ggf Beil, • Säge,
•Wasserwaage,
•Scherenwagenheber für Wohnwagen,
•Radkreuz,
•Kupplungsabdeckplane,
•Kupplungsfett, •Draht,
•Pannenband,
•Luftpumpe für Reifen mit Druckmeßgerät,
•Abwasserbehälter
•Ladegerät für Zweitbatterie im Womo oder Wohnwagen,

Toilette

•Hand, Badetücher,
•Waschlappen,
•Tempo-Taschentücher,
•Kämme, Bürsten,
•Rasierzeug,
•Hygieneartikel,
•Empfängnisverhütung,
•Seife, Handwaschmittel,
•Sonnencreme
•Labello,
•Zahnbürste, -pasta,
•Haarwaschmittel,•Fön

Kleidung

•warme Jacke,
•Turnschuhe,
•Jeans,
•Unterwäsche
•Badezeug,
•Gummistiefel,
•Wanderstiefel,
•sonstige Schuhe
•Sportanzug,
•Socken, Strümpfe,
•Kleider, Röcke,
•Hemden, T-Shirts,
•Pullover.

Für die Nacht

•Schlafanzüge,
•Schlafsäcke,
•Bettzeug.

Campingartikel

•Sonnensegel, •Vorzelt,
•Stühle, •Tische,
•Grill, •Grillzubehör,
•Holzkohle,
•Sonnenschirm,
•Luftmatratze, Luftpumpe,
•Schlauchboot.

Unterhaltung

•Foto/Film/Videoausrüstung,
•Filme
•Kinderspielzeug,
•Spiele für Erwachsene,
•Lektüre,
•Cassetten,
•Kassettenrecorder,
•Fahrräder,
•Federball etc.

Apotheke

•Mittel gegen Insektenstiche,
•Husten- und Schnupfmittel,
•Fieberzäpfchen,
•Mittel gegen Durchfall, Verstopfung, Kopfweh,
•Nasen- und Brandsalbe,
•Wunddesinfektionsmittel,
•Sprühpflaster,
•Elastikbinden,
•Salbe gegen Prellungen,
•Fieberthermometer,
•Pinzette,
•Autoverbandskasten o.k.?

Auto

•Wörterbuch, Reiseführer,
•Karten,
•Streckenkarten,
•Zwei Außenspiegel,
•Pannenausrüstung,
•gefüllter Reservekanister,
•Brille, •Ersatzbrille,
•Sonnenbrille,
•1-2 Liter Reserveöl {HD 20W 50),
•Abschleppseil,
•passender Wagenheber,
•Arbeitshandschuhe.

Lebensmittel

•Getränke,
•Wurst-, Fischdosen,
•Fertiggerichte, Suppen,
•Tee, Kaffee,
•Butter, Margarine,
•Brot, Dosenbrot,
•Reis, Nudeln,
•Essig, Öl,
•Gewürze, Zucker, Salz,
•Kartoffeln etc.

Packen am Tag der Abfahrt

•Papiere,
•Geld, etc.,
•Wertsachen,
•Reserveschlüssel,

Ins Auto:

•Karten,
•Reiseführer,
•Streckenkarten,
•Bordverpflegung,
•Mülltüte,
•Brillen,
•Peronalausweis,
•Führerschein,
•Fahrzeugschein,
•Tagesgeld,
•Bedienungsanleitungen,
•Packliste,
•Fotoapparat.

STICHWORTVERZEICHNIS

Weitere Bände der WOMO-Reihe:

Band 1 – 4 und 6 – 11

MIT DEM WOHNMOBIL . . . .

- Durchs ganze Land in vielen Touren.
- Die schönsten Badestrände, die noch nicht jeder kennt – mit uns finden Sie hin.
- Freies Camping – kein Problem!
- Bergtouren für groß und klein.
- 300 Tricks und Tips für Ausrüstung, Reisevorbereitung und Urlaub.
- Ausgefeilte Packliste.
- Die besten Anreiserouten, Fähren, usw. usw.
- Gesicherte Trinkwasserversorgung durch Hinweise auf über 50 Brunnen.
- Die besten Fährverbindungen.
- Genaue Kennzeichnung schöner Bade-, Picknick- und Wanderparkplätze.

Band 5:

ALLGEMEINES WOHNMOBIL-HANDBUCH

- Beratung bei Wohnmobilkauf oder -miete.
- Einweisung in die Gas-, Wasser- und Elektroinstallation.
- Einrichtung des Wohnmobils.
- Tips und Tricks füs wohnmobile Wochenende.
- Freies Camping in Deutschland – Stellplatztips.
- Zubehörtips, Ver- und Entsorgungsratschläge.
- Urlaubsvorbereitung mit Profipackliste.
- Tips und Tricks für die große Fahrt mit Informationen über freies Camping in ganz Europa.
- Rezepte f. d. Wohnmobilküche./Ratschläge f. Reisen m. Kindern.
- Mit dem Wohnmobil zum Wintersport./Alle Wohnmobilclubs.
- WUPS – der WOMO-Urlaubs-Partner-Service.
- Adressen der Wohnmobilhersteller, -händler, -vermieter, Campingzubehör, Gastankstellen.

Absender:

____

Datum ________ Unterschrift ________

WOMO-VERLAG

Versandabteilung

D-7128 Lauffen / Neckar

Wir bestellen:

____ Ex.: Mit dem Wohnmobil nach Thüringen .... DM 24,80
____ Ex.: Mit dem Wohnmobil ins Elsaß .... DM 22,80
____ Ex.: Mit dem Wohnmobil in die Bretagne .... DM 22,80
____ Ex.: Mit Wohnwagen/-Mobil in die Auvergne .... DM 19,80
____ Ex.: Mit dem Wohnmobil nach Korsika .... DM 19,80
____ Ex.: Mit dem Wohnmobil nach Sardinien .... DM 22,80
____ Ex.: Mit dem Wohnmobil in die Toskana .... DM 22,80
____ Ex.: Mit dem Wohnmobil nach Nord-Spanien .... DM 24,80
____ Ex.: Mit dem Wohnmobil nach Griechenland .... DM 22,80
____ Ex.: Mit dem Wohnmobil nach Schweden .... DM 19,80
____ Ex.: Allgemeines Wohnmobil-Handbuch .... DM 22,80
____ Stück: Pfannenknecht mit großer Eisenpfanne à DM 68,–
(zzgl. Versandkosten)

Unsere Bücher erhalten Sie in jeder Buchhandlung oder porto- und verpackungsfrei direkt vom Verlag.
Bitte legen Sie einen Verrechnungsscheck bei oder warten Sie unsere Rechnung ab.